Marcus Hernig

Chinas Bauch

Marcus Hernig

CHINAS BAUCH

Warum der Westen weniger denken muss,
um den Osten besser zu verstehen

edition  Körber-STIFTUNG

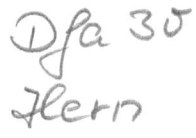

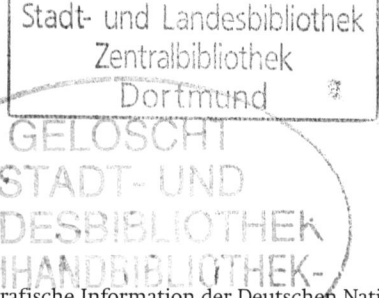
Bibliografische Information der Deutschen Nationalbibliothek

Die Deutsche Nationalbibliothek verzeichnet diese Publikation
in der Deutschen Nationalbibliografie; detaillierte bibliografische
Daten sind im Internet über http://dnb.d-nb.de abrufbar.

© edition Körber-Stiftung, Hamburg 2015
Umschlag: Groothuis. www.groothuis.de
Covergestaltung und Illustration: Ralf Nietmann|
ralfnietmann.de
Herstellung: Das Herstellungsbüro, Hamburg |
buch-herstellungsbuero.de
Druck und Bindung: CPI – Clausen & Bosse, Leck
Printed in Germany

ISBN 978-3-89684-166-7

www.edition-koerber-stiftung.de

Allen Menschen gewidmet,
die mich China haben fühlen lassen.

»Ein großer Bauch kann alle Dinge der Welt in sich aufnehmen.«
BUDAI

Inhalt

溫, 飽, 黑, 甜

Warm, satt, dunkel und süß

Wer China verstehen will, muss es erfühlen

1992 kam ich nach China. Zum ersten Mal. Ich habe vergessen, was ich damals dachte, weiß aber noch sehr genau, wie sich Nanjing anfühlte. Die Stadt, in der ich mehrere Jahre lang studieren sollte, war warm, pulsierend, aufregend. Dabei konnte ich fast nichts erkennen, die wenigen funzeligen Glühlampen kamen gegen die Dunkelheit nicht an. Was ich aber fühlte und vor allem roch, war dramatisch genug. Die fremden Gerüche strömten aus der Richtung der lichtschwachen Lampen. Ich strengte meine vom Jetlag gestressten Augen an und erkannte die schemenhaften Umrisse der Männer und Frauen, die, hinter kleinen Wagen, alle das Gleiche zu tun schienen. Sie kochten. Vor ihnen standen Menschen. Junge Menschen. Studenten, vermutete ich, denn das Taxi, mit dem ich gekommen war, sollte mich ja vor dem Tor jener Universität absetzen, für die ich ein Stipendium erhalten hatte.

Als ich mich den Garküchen näherte, kicherten mir junge Frauen entgegen. Ihre leichten Baumwollkleider und Schnallenschuhe erinnerten mich an die Mode aus den Jugendtagen meiner Mutter. Sie knabberten an ihren Tofu-Spießen, scherzten und hatten ihren Spaß. Männer saßen mit hochgerollten T-Shirts um die Garküchen herum, aßen Fleischspieße und gebratene Nudeln. Sie strichen sich dabei über die nackten Bäuche und prosteten mir mit großen Bierflaschen zu. Die Botschaft war einfach und klar: »Setz dich, iss mit und nimm wahr, was wir dir erzählen.« Mein Verstand protestierte, es sei doch sehr spät und das Hotel noch nicht gefunden. Doch ich hörte auf meinen Bauch und setzte mich. Nicht zum ersten Mal hatte mein Bauch entschieden: Er ist nämlich kein oberflächliches Organ, wie Haare, Haut oder Fingernägel, die man beliebig schminken und verändern kann. Der Bauch war und ist unveränderlich das Zentrum unseres Körpers. Zunächst muss er all das verdauen, was wir im Laufe unseres Lebens in uns hineinstopfen. Das sind nicht nur die Nudeln, Fleischspieße, Gemüsepfannen, Reisgerichte, Süßigkeiten und was dem Menschen auf der Welt so alles zur Nahrung dient, sondern auch die vielen Erlebnisse, die er dann zu Gefühlen »verarbeitet«. Wir sprechen vom Bauchgefühl, fühlen Liebe als »Schmetterlinge im Bauch«, spüren, dass Ärger uns auf den Magen schlägt und sogar den Appetit verderben kann. Ein beträchtlicher Teil der menschlichen Wahrnehmung scheint rund um Magen und Darm verortet zu sein.

Das hat die Wissenschaft längst bestätigt. Neurowissenschaftler sprechen von einem »zweiten Gehirn« in der Bauchregion, das aus rund 100 Millionen Nervenzellen besteht. Diese Nervenzellen sind eng mit dem »Kopfgehirn« verbunden, wo schließlich alle Wahrnehmungen des Bauchs weiterverarbeitet werden. Was wir also vage als »Bauchgefühl« bezeichnen, hat seine reale Grundlage in diesem äußerst feinen Nervengeflecht in der Mitte unseres Körpers. Dabei ist erstaunlich, dass die Dinge, die der Bauch dem Kopf weitergibt, 90 Prozent aller ausgetauschten Informationen zwischen diesen beiden Körperregionen ausmachen. Der Bauch hat dem Kopf deutlich mehr zu sagen als umgekehrt.

An meinem ersten Abend im sogenannten Fernen Osten traf ich diese kleine »Bauchentscheidung« und blieb ganz glücklich mit den anderen unbeschwerten Genießern sitzen. Daher ist auch das erste Gefühl, das ich mit China verbinde, das Glück. Später, als ich mehr von und über China wusste, lernte ich, dass einst der Glücksgott zu den wichtigsten Göttern des Landes zählte – und alle Menschen bis heute immer irgendwie nach dem Glück suchen. »Nie zu groß darf es sein, das Glücksgefühl«, erzählte mir Jahre später einmal ein Künstler. In jener warmen, dunklen Septembernacht war es mir jedenfalls vergönnt, mein kleines Glück mit anderen zu teilen: in eine warm gefüllte Teigtasche zu beißen und zu spüren, wie mein Magenknurren in träge Zufriedenheit überging. »Warm, satt, dunkel und süß«, stellte vor fast einem Jahrhundert Chinas Bestsellerautor Lin Yutang einmal fest, sei die chinesische Vorstellung vom Glück.[1]

Eigentlich ist es in China mit dem Gefühl eine besonders einfache Sache. Gefühle hängen eng mit Geschmack zusammen, und das englische Wort *taste,* wiederum eng verwandt mit dem deutschen Begriff »Tasten«, kommt der Bedeutung des Geschmacks im chinesischen Gefühlsleben recht nahe. Im gemeinsamen Essen guter Dinge steckt bekanntlich ein hohes Freude-, ja sogar Glückspotenzial. Nie habe ich Menschen zufriedener, ausgelassener, entspannter erlebt als am Esstisch. Von behaglicher Zufriedenheit bis hin zur Glückseligkeit, etwa in einer ausgelassenen Hochzeitsrunde, reichen die Nuancen positiver Gefühle rund um das gesellige Mahl. Das brachte mich vor Jahren darauf, allein diesem Thema ein Buch zu widmen.

Ich halte es mit Lin Yutang, der das Essen neben dem Sex, der weniger verlässlich sei, für eine der beiden wirklich soliden Freuden des menschlichen Daseins hält. Es ist daher nur konsequent, dass mein Buch über »Chinas Bauch« auch mit der Freude am Esstisch beginnt.

Im *Buch der Riten*, einem der fünf konfuzianischen Klassiker, die von Schülern des Konfuzius während der Zeit der Streitenden Reiche (475–221 v. Chr.) verfasst wurden, findet sich die Freude zudem am Anfang einer Klassifizierung der menschlichen Gefühle, die als »Sieben Gefühle« und »Sechs Begierden« bis heute bekannt ist. Folgende sieben Gefühlsdimensionen *(qi qing)* sind dort gelistet:

喜 Freude (xi)
怒 Wut (nu)
哀 Trauer (ai)
懼 Angst (ju)
愛 Liebe (ai)
惡 Hass (e)
欲 Gier (yu)

Vor rund 2000 Jahren unterteilte ein Gelehrter namens Gao Xiu die siebte Dimension *yu* in weitere sechs Unterkategorien, die er als die Sechs Begierden *(liu yu)* oder physiologischen Grundbedürfnisse des Menschen bezeichnete: der Wille zum Leben, der Wunsch, nicht zu sterben, der Seh-, Hör-, Geschmacks- und der Geruchssinn. Auffällig ist, dass der Tastsinn in dieser Aufzählung fehlt. Er wurde offenbar nicht als etwas empfunden, nach dem der Mensch »giert«.

Die sieben Gefühlsdimensionen entsprechen in etwa den fünf Grundgefühlen in der westlichen Psychologie. Diese unterscheidet intentionale Gefühle, also physiologische Hungergefühle, im weitesten Sinne, Gefühle, die dazu da sind, eine Leere zu füllen. Begehren nach etwas wäre ein passender verbaler Ausdruck für diese erste aller Gefühlsdimensionen. Ihm folgt an zweiter Stelle die Angst, gefolgt von Aggression und Schmerz als dritter Dimension, Trauer als vierter und schließlich Freude als fünfter Dimension.

Damit haben wir uns im Westen fast an eine umgekehrte Reihenfolge der Gefühlswelten gewöhnt, während die positive Einstellung der Chinesen zum »Hier und Jetzt« die Freude *xi* ganz an den Anfang aller Gefühle gesetzt hat. Neben den genannten Grundbedürfnissen des Menschen schließt das Begehren immer auch das Streben nach materiellen oder ideellen Zielen ein, zum Beispiel nach Reichtum, Karriere und Erfolg. Aufstieg spielte stets eine große Rolle in der hierarchisch dimensionierten Gesellschaft Chinas. Dabei ist bemerkenswert, dass dem Begriff *yu* nicht der Beigeschmack der Sucht anhaftet, die Christentum oder Hinduismus mit dem Begehren verbunden haben. Chinesen neigen nicht sehr zu Enthaltsamkeit oder gar weltabgewandter Askese.

Gefühle sind die Abbilder der Seele, dominanter und daher oft einflussreicher als das menschliche Denken, sagt der Schweizer Psychiater Carl Gustav Jung. Er hält Intuition, Empfindung, Fühlen und Denken für die vier grundlegenden psychologischen Größen, und zwar genau in dieser Reihenfolge. Das Fühlen geht also dem Denken voran. In diesem Punkt sind sich Jung und das chinesische Buch der Riten einig: »Freude, Wut, Trauer, Angst, Liebe, Hass und Gier – diese sieben Gefühle beherrscht man, ohne sie erlernen zu müssen.« Gefühle sind einfach da, gehen jedem Lernen und Nachdenken voraus und sind unabhängig davon vorhanden. Gefühle prägen das Denken, die »rationale Welt« des Menschen. Intuieren und Empfinden sind dabei eng mit der Gefühlswelt und damit dem »Fühlen« an sich verbunden.

Die Gefühlswelt bestimmt das Bewusstsein – und intellektuelle Leistungen sind ohne vorausgehende, bisweilen heftige Gefühle oft nicht möglich. Physiker wie Albert Einstein hegen nicht selten eine besonders starke Empfindung für das Göttliche, das ultimative Prinzip des Daseins. Aus dieser Empfindung heraus entsteht ihre Passion für die Wissenschaft und nähren sich Intensität und Leistung ihres Denkens. Nicht umgekehrt. In neurobiologischen Tests wurde bestätigt, dass Gefühle mehr Einfluss auf das Denken nehmen als das Denken auf die Gefühle, und damit sind wir wieder bei dem eingangs skizzierten Primat des Bauches über den Kopf angelangt, jener Körperzone, die für das Entstehen von Gefühlen so bedeutsam ist.

Wenn Gefühle das Denken bestimmen, dann macht es Sinn zu verstehen, was die Menschen fühlen. Erst dann lässt sich der Mensch selbst und schließlich die Welt, die er geschaffen hat, verstehen. »Die Menschen sind es!«, hat mir Eva Siao, langjährige Freundin aus Peking mit 50 Jahren Lebenserfahrung in China, einmal gesagt. Ähnlich denkt der Schriftsteller Yu Hua. Konsequent beginnt er seinen Essay *China in zehn Worten* mit dem Begriff »Das Volk«. Es ist das Gefühl, das Yu zum Schreiben treibt, besonders stark das Gefühl des Schmerzes, den sein Volk »erlitten« habe. Das waren oft körperliche Schmerzen durch schlechte medizinische Versorgung, durch politische Kampagnen und wirtschaftliche Modernisierungsmaßnahmen, die mit Geschmack und Gefühl der Menschen wenig zu tun hatten. Vom Gefühl des Schmerzes ist gerade China noch immer besonders stark betroffen, ebenso von Angst und Unsicherheit, bisweilen auch von Gleichgültigkeit oder gar Gefühllosigkeit. Und manchmal brechen sich Wut über andere und Stolz auf das Eigene in breiten Wellen ihren Weg durch das Internet. Viele unterschreiben den Satz: »Ich bin stolz darauf, Chinese zu sein, stolz auf mein großartiges Land – trotz aller Probleme.« Und das ist keine Politpropaganda.

Es ist wichtig, zu wissen und zu verstehen, wie ein Volk fühlt und was es bewegt. Als die Menschen in der Ex-DDR ihrem drängenden Gefühl nach Freiheit seinen Lauf lassen konnten, skandierten sie: »Wir sind das Volk!« Dieser Satz mahnte jeden, zunächst einmal nachzuempfinden, was dieses »Volk« fühlte. Ich kann oft nicht nachvollziehen, wieso gerade die Medien als die Quelle, aus der wir etwas über die Welt und seine Kulturen erfahren (sollten), Volksgefühle besonders gern missachten. Wir erfahren rein gar nichts darüber, was die Menschen in Russland, in China oder in Japan wirklich bewegt, wenn sich die Berichterstattung auf die Unzulänglichkeiten der jeweiligen Regierungen – im Falle Chinas und manchmal auch Russlands gern als »Regime« bezeichnet – beschränkt. Wer China oder Russland oder den Iran verstehen will, muss zuallererst »das Volk« und dessen Gefühle verstehen. Erst dann eröffnen sich seine Probleme, erklärt sich seine Wirtschaft, seine Geschichte oder Geografie.

Im Umgang mit China und dem Osten ganz allgemein konzentriert man sich gern auf die »objektive Welt« – die Sphäre des Denkens, die Welt des Objektiven und Rationalen. C. G. Jung hat einst diesen Begriff in Abgrenzung zur subjektiven Welt des Fühlens geprägt. Aber genau dieses nüchterne Kalkül des »rationalen Verstehens« gegenüber dem Osten funktioniert nicht. Weder gegenüber Putins Russland noch gegenüber dem China der Kommunistischen Partei. Die scheinbar »objektive Analyse« mündet in einem alle Nähe unmöglich machenden »Die überflügeln uns« oder »Die unterdrücken die Demokraten«.

Bewunderung und Angst setzten sich auf diese Weise durch. Gefühle bestimmen die Analyse, allerdings ohne die Gefühle auf der analysierten Seite wirklich differenziert wahrzunehmen. So manch ein Buch über China folgt dann auch genau dieser groben Dichotomie und fokussiert den »China-Code« oder China-Superlative auf der einen und »China-Ängste« auf der anderen Seite. Kopfgeborene China-Analysen polarisieren die Gefühle der Deutschen und vermutlich die des Westens im Allgemeinen:

Die einen fühlen sich beglückt und im wörtlichen Sinne bereichert, wenn sie sich den ökonomischen Herausforderungen und neuen Möglichkeiten stellen, die das energie- und konsumhungrige Reich bietet. Ich erinnere mich an eine Einladung in Shanghais »Old China-hand Club« vor einigen Jahren. Dort saßen erfolgreiche China-Geschäftsleute, meist deutscher Herkunft, beieinander, um sich angeregt über die Chancen im China-Geschäft zu unterhalten. Für viele von ihnen war China der Ort ihres persönlichen Erfolgs, ein Synonym der eigenen Karriere. Kritik jeglicher Art war nicht opportun, weil mit der China-Kritik auch eine Kritik an der eigenen Person verbunden gewesen wäre.

Doch die China-Enthusiasten sind in der Minderheit. Bei einer, wie mir scheint, deutlichen Mehrheit in Deutschland geht die Angst um. Es ist die Angst vor dem Unverstandenen, dem Neuen, das sich offensichtlich überall völlig unkontrolliert breitmacht: der chinesische Rohstoffkonsument, der Bodenkäufer, der nicht abreißende Strom konsumhungriger Touristen, die dem Einzelhandel weltweit in die Kassen spielen, bei westlichen Beobachtern aber nur Kopfschütteln und Unbehagen hervorrufen, wenn sie in Schweizer Luxusuhrengeschäften ganze Kollektionen aufkaufen.

Angst entsteht spontan, unbeabsichtigt, ist mit C. G. Jung ein »Affekt« oder eine »Emotion«, im Unterschied zu einem aktiv gelebten Gefühl, wie etwa »Mitfühlen« oder »Lieben«. Freunde baten mich, »ihnen die Angst vor China zu nehmen«. Angst ist meist ein Affekt des Nichtverstehens. Ähnlich der Angst vor dem berüchtigten »schwarzen Mann«, vor dem ich mich als Kind unter die Bettdecke verkrochen habe, um dort das von Lin Yutang eingangs genannte Gefühl des Warmen, Dunklen und Vertrauten zu spüren, das einen gut gefüllten Magen begleitet. Angst entsteht, wenn Mitfühlen und Nachempfinden fehlen. Wenn die Bedrohung –

begründet oder nicht – keine Möglichkeit mehr bietet, das, wovor man sich fürchtet, zu verstehen.

Die Fähigkeit des »Nachempfindens« ist ein Schlüssel für Verständigung und damit Frieden zwischen verschiedenen Kulturen. Kulturen bestehen in erster Linie aus Menschen, nicht aus Regierungen oder Regimen. Für ein erfolgreiches Miteinander ist es wichtig, anderen Menschen offen und mit »emotionaler Intelligenz« zu begegnen. Seit Daniel Goleman den Begriff im Jahr 1995 popularisiert hat, wird der »Emotionalitätsquotient« gern dem »Intelligenzquotienten« gegenübergestellt. Goleman geht davon aus, dass »ein Mensch, der erkennt, was andere fühlen, viel früher die oftmals versteckten Signale im Verhalten anderer erkennen und herausfinden kann, was sie brauchen oder wollen«.[2]

Das aber funktioniert natürlich nicht in der verallgemeinernden Weitwinkel-Perspektive auf »*die* Chinesen«, »*die* Japaner« oder »*die* Russen«. Empathie kann nicht funktionieren, wo große Distanz herrscht. Für ein ganzes Land wird man nur schwer Empathie aufbringen können, wohl aber für einzelne Menschen, deren Schicksale nachvollziehbar sind. Verdichten sich diese zu einem komplexeren Bild, werden auch die Strukturen des Ganzen feiner sichtbar. Sie wirken wie mit höherer Auflösung gefilmt. Induktiv, das heißt aus dem Einzelfall heraus, entsteht ein größeres Gesamtbild. Eine Gesellschaft erhält ein Gesicht, weil sie aus vielen Gesichtern und Facetten besteht. Ohne jeglichen

Anspruch auf Vollständigkeit möchte ich das facetten-
reiche Gesicht der chinesischen Gesellschaft anhand
von Geschichten zeichnen, die thematisch den sieben
skizzierten Gefühlsdimensionen folgen. Dabei geht es
gar nicht darum, nun alles genau nachzuempfinden,
was andere Menschen – wenn sie dazu noch im weit
entfernten China leben – empfinden. Weit wichtiger ist
es zu wissen, was die »andere Empfindung« ausmacht
und sie verursacht. Wem das gelingt, der verfügt über
eine Fähigkeit, die Psychologen »kognitive Empathie«
nennen.

Natürlich ist es verwegen, China in sieben Gefühlen
erzählen zu wollen. Chinas Gefühlswelt in nur einem
Buch zu erfassen wäre so genial wie unmöglich. Doch
die sieben Gefühlsdimensionen sind ein wunderbarer
Leitfaden, Ereignisse und Beobachtungen zu erzählen,
die ich entweder selbst erlebt oder aus anderen Quellen mit eigenen Worten nacherzählt habe. Inspiriert
hat mich dazu nicht zuletzt Yu Huas Buch *China in zehn
Wörtern*.[3] Yu Hua, den ich als einen der interessantesten
und scharfsinnigsten Schriftsteller im gegenwärtigen
China schätze, hat dort anhand von zehn persönlich
ausgewählten Begriffen versucht, ebenfalls ein sehr
persönliches Porträt der chinesischen Gesellschaft zu
zeichnen.

Chinas Bauch erzählen zu lassen bedeutet schließlich,
das Leben wahrzunehmen. Setzt man dann auch seinen
Verstand ein, um diese Lebensgeschichten zu deuten,

könnte man dies in chinesischer Tradition eine »vernünftige« Vorgehensweise nennen. Der Begriff der Vernunft *qingli* 情 理 setzt sich in der chinesischen Sprache nämlich zusammen aus Gefühl *qing* 情 und Verstand *li* 理 gleichermaßen.

Marcus Hernig
Shanghai, im März 2015

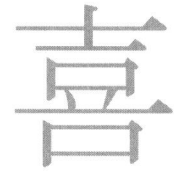

FREUDE

Die Freuden der Bauern

Wir verließen die breit ausgebaute Straße, die direkt in das Neubaugebiet führte, wo mein Freund Jin bereits zwei Wohnungen gekauft hatte. Die sollten fürs Erste reichen. Jin war zufrieden. Seine schwarzen Augen erinnerten an den Amida-Buddha im größten Tempel der Stadt. Eine stille Freude spiegelte sich darin. Ich habe diesen Ausdruck oft in den Augen meiner chinesischen Freunde gesehen, meist dann, wenn sie in einem Spiel etwas gewonnen hatten. Und Häuser kaufen war seit vielen Jahren das beliebteste Spiel Chinas, gleichzeitig auch das mit den höchsten Einsätzen.

Wir suchten einen Ort der Entspannung. Jins Peugeot holperte über eine grobe Teerstraße, auf der große Lehmbrocken verstreut lagen. Dreiradtraktoren transportierten all das hin und her, was die Erde an Verwertbarem zu bieten hatte. Die Menschen an und auf dieser Straße waren ähnlich geschäftig wie ihre Landsleute in der Großstadt, die hinter uns zurückgeblieben war.

Mitten zwischen den saftig grünen Gemüsefeldern links und rechts der Straße tauchten plötzlich Holzgerüste und Häuser auf. Hinweisschilder und neue Stichstraßen luden Vorbeifahrende ein, dort vorbeizuschauen. Wir fuhren weiter. Die Häuser, die wir passierten, wirkten unfertig und kahl, als hätte man sie in den letzten Monaten einfach schnell aus Beton zusammengegossen. Vermutlich war es genau so gewesen. Die Bauern hatten rote Lampions davorgehängt, um dem Beton etwas Leben einzuhauchen. Rot ist die Farbe des Lebens und des Glücks, die Farbe der Freude. Freude und Glück beginnen in China immer mit dem irdischen Leben, »Abstrakterem« steht man seit Jahrhunderten eher skeptisch gegenüber.

Auf den Hinweisschildern und an den Hauswänden las ich drei Schriftzeichen in sattem Gelb: *Bauer, Familie, Freude.* Ich schaute Jin fragend an. »Freude der Bauern«, sagte er nur kurz. »Das sind Ausflugsrestaurants für Städter wie uns. Sie sind vor einigen Jahrzehnten über die Berge von Süden aus Sichuan zu uns gekommen.« – »Wozu brauchen wir das?«, fragte ich zurück. Jin dachte kurz nach und zog die Stirn in Falten. »Vielleicht damit die Chinesen wieder etwas Freude verspüren, wenn sie dahin zurückkommen, woher sie in die Großstädte aufgebrochen sind. Vielleicht auch um uns alle zu vergewissern, dass es das Land ist, das uns ernährt«, antwortete Jin und zog tief an seiner »Double Happiness«-Zigarette. »Doppelte Freude im Munde«, sagte ich. Jin lachte: »Klar, Freude ist Geschmack, und das gleich doppelt. Die Freude, hier auf dem Land zu sein und gleich etwas Gutes zu essen zu bekommen. Das Rauchen werde ich dabei nicht los.«

Wir bogen nach rechts ab. Im Schatten alter Granatapfelbäume lag ein ebenso graues Bauernhaus wie die, an denen wir vorbeigefahren waren. *Freude der Bauernfamilie* las ich in den bekannten gelben Schriftzeichen. Die Luft hing feucht und schwül über dem Land. Die Zikaden hatten ihr lärmendes Spätnachmittagskonzert bereits begonnen. Ein hagerer kleiner Mann kam uns entgegen, schüttelte Jin die Hand, der mich sogleich vorstellte. »Ah«, sagte He, der kleine Mann nur, und: »Willkommen, willkommen.« – »Wie lange machen Sie das hier schon?«, fragte ich. »Zwei Jahre«, antwortete er. »Und geht das Geschäft gut?« – »Kann nicht klagen. Die Leute kommen aus der Stadt, essen gern bei mir. Ich zeige Ihnen auch, warum«, antwortete He. Wir folgten ihm zwischen die Gemüsebeete, mitten hinein in seinen »Besitz«, der ihm als Bauer Chinas zwar nicht gehörte, für den er aber die Nutzungsrechte besaß. Er und seine Familie. Er hatte kleine Teiche zwischen den Gemüseparzellen angelegt. »Die Freuden der Fische«, lachte Jin. Das waren Worte des taoistischen Philosophen Zhuangzi, der vor über 2000 Jahren einmal darüber spekuliert hatte, ob Menschen in der Lage seien zu spüren, worüber Fische sich freuten.[1]

An einfachen Bambusgerüsten mit Strohdächern hingen die roten Lampions unbeweglich in der Schwüle des angegrauten Tages. Die meisten dieser Separees waren besetzt. Darin lärmte es fröhlich. »*Lai, lai* – komm, komm«, hörte ich. Worte, die nicht mehr und nicht weniger bedeuteten als die gegenseitige Aufforderung, sich zuzuprosten. Ich schaute verstohlen in einen der kleinen Räume. »*Waiguo pengyou* – ausländischer Freund. Komm, iss mit und trink.« Privatsphäre? Fehlanzeige. Wer kommt, isst mit. Hier auf dem Land sowieso. Die Männer tranken starken Schnaps mit über 50 Prozent Alkohol. Ich kannte das Zeug, das den Kopf zum Glühen bringt. Die Hosenbeine und Polohemden trug man hochgekrempelt. Nackte Bäuche demonstrierten das alte chinesische Sprichwort »Da steckt Freude drin«. Das Vorbild für die Nabelschau waren die dickbauchigen Maitreya-Buddhas in den Tempeln, die barbäuchig lachend zeigen, was das Leben an Freuden bereithält.

Chinesische Bäuche müssen jedenfalls gefüllt werden. Ich erinnerte mich an die pausbäckigen Glücksknaben, die man noch vor wenigen Jahrzehnten zum Neujahrsfest an die Türen klebte. Sie verkündeten eine simple Botschaft: Was brauchst du mehr als einen Sohn und einen gut gefüllten Bauch, um glücklich zu sein? Lang ist's her, dass China so bescheiden war, doch hier auf dem Land wurde die Erinnerung an damals wieder lebendig: »*Lai ba* – nun komm endlich«, forderte die Tischgesellschaft erneut. »Habe noch nicht gegessen«, sagte ich. »Dann iss doch mit uns.« – »Habe Freunde hier.« – »Sollen rüberkommen. Lasst uns alle zusammen essen.« – »Ich komme später, einverstanden?« –

»*Yiding* – bestimmt?« – »*Yiding, yiding* – bestimmt, bestimmt.« Nur mit Mühe kam ich wieder zurück zu He und Jin, die draußen auf mich warteten. He lächelte. Mittlerweile rauchte auch er und deutete mit seiner »Double Happiness«-Zigarette auf die lärmende Gruppe im Separee. »Sind gute Gäste, aus der Stadt. Kommen regelmäßig. Stammkunden.«

Wir wandten uns wieder den Gemüsebeeten zu. »Was ihr essen möchtet, findet ihr in den Teichen und auf den Feldern«, sagte He mehr zu Jin als zu mir, denn die meisten Chinesen, besonders auf dem Land, gehen immer noch davon aus, dass Ausländer sie nur schwer oder gar nicht verstehen. »Eine kleine Weile später habt ihr es fertig gekocht auf dem Tisch stehen.« He strahlte über sein hageres Gesicht, in das sich die Falten jahrzehntelanger harter Feldarbeit gegraben hatten. Last und Bürde des einfachen Menschen, dachte ich, hatten dieses Gesicht geformt.

Doch was war, das war vorbei. In diesem einen Moment, in dem wir seine Gäste waren, zählten nur unsere Wünsche. Wir zeigten auf knackig frische Bohnen, tiefgrünes Blattgemüse und bestanden darauf, dass er genau das Huhn fing und zubereitete, das genau vor unseren Füßen herlief. Jin insistierte auf diesem flinken Tier, denn er glaubte, mit einem Blick erkannt zu haben, welch köstliches durchblutetes Fleisch und wunderbare Hühnersuppe es abgeben würde. »Gute Wahl, auf jeden Fall eine gute Wahl«, sagt Hes Frau, die ihrem Mann bei der Bestellungsaufnahme assistierte. Das

Pak-Choi-Gemüse sah aus, wie es sein sollte: klein, zart, aber fest, dazu in frischem Grün und mit weißlichem Blattansatz. Weiteres Gemüse wurde ausgegraben. Das Jadegrün des Staudenselleries versprach würzigen Geschmack. Dann fehlte noch das Hauptgericht. He suchte dafür ein besonders agiles Huhn aus. An den Beinen gepackt und laut gackernd musste das vielversprechende Opfer seinem unausweichlichen Ende entgegensehen. Dazu passte der rauchige, grobe Tofu, den Hes Frau uns präsentierte. Er war sogar noch warm. Ein kühles Bier dazu – mehr war nicht mehr nötig.

Was frisch vor uns lag, stammte alles von der Erde, auf der wir standen. Ich bin mir sicher, dass jeder Chinese, egal, wie wohlhabend er war, wie viele Wohnungen, deutsche Luxusautos oder Schweizer Markenuhren er besaß, in diesem Moment gesagt hätte: »Ein Moment der Freude. Mehr braucht es nicht.« Er würde seinem Vorfahren, dem Zen-Buddhisten und Literaturkritiker Jin Shengtan (1610–1661) zustimmen, der einmal genug Muße gefunden hatte, um über die »33 glücklichen Augenblicke«[2] in seinem Leben nachzudenken: Ein Haus oder eine Wohnstatt mit Platz zum Anbau von »Gemüse und Melonen« gehörte unbedingt dazu. Einen solchen Platz konnte der moderne Stadtchinese nun bei Lao He finden und sich Gemüse und Obst aus dem Garten bringen lassen.

Gestresst von den Meldungen über die »fünf großen Probleme im chinesischen Gemüsekorb«[3], konnten Hes Gäste hier entspannen und sich wie ihre Vorfahren vergewissern, woher ihr Essen stammte. Wer kennt heute noch den Herkunftsort der Ware, die er kauft? Chinesische Konsumenten wissen oft nicht, dass das erhältliche Gemüse fernab der eigenen Region produziert wird und oft minderwertiger ist. Eine verlässliche Warendeklaration fehlt. Die Medien diskutieren regelmäßig über Qualitätsstandards und Markenprodukte: Lange Logistikketten sind dafür verantwortlich, dass den Produkten die noch vor wenigen Jahren gewohnte Frische fehlt. Die Preise sind gestiegen, und die Preiskontrolle wurde unmöglich, weil Produzenten und Händler natürlich gleichermaßen profitieren wollen. Verbraucher im Westen kennen das Problem seit vielen Jahrzehnten aus den Supermärkten; seitdem in den 1990er Jahren die ersten Supermärkte in China eröffneten, ist auch hier die »Nähe« zur eigenen Nahrung nicht mehr gegeben.

Diese Nahrung, wichtigste Grundlage für das »kleine Glück *(xiao xingfu)*« des Alltags, ist in den Jahrzehnten rasant steigenden Wohlstands zum großen Problem geworden. Innerhalb einer Generation haben sich Chinesen als Städter von ihrer ländlichen Herkunft radikaler entfremdet als Europäer und Amerikaner in drei. Wenn ich durch die neuen Vorstädte mit den neuen Hochhauskomplexen lief, fühlte ich, wie die wachsenden Wohnsilos die Menschen vom angestammten Boden mit in die Höhe rissen.

Umso schöner das Gefühl, nun bei Lao He daran erinnert zu werden, dass es noch anders sein konnte. Mir kam ein ähnliches Erlebnis aus meiner Shanghaier Vorstadt in den Sinn: »Eine alte Marktfrau hockt auf dem Boden und bietet grünes Gemüse feil. Ich frage nach dem Preis, und sie antwortet: ›Drei Yuan (40 Cent) das Pfund.‹ Ich greife in ihren Bambuskorb und lege das Gemüse auf die Waage. Sogleich füllt sie das fehlende auf und sagt: ›Drei Yuan.‹ Die Obstverkäuferin von nebenan tritt hinzu und bestätigt: ›Das ist leckeres Gemüse, wirklich.‹ Die alte Frau strahlt über ihr faltiges Gesicht und sagt stolz: ›Selbst gezogen, gleich um die Ecke.‹ Ich hebe den Daumen, wir alle lachen.« Ist das vielleicht nicht Glück?

Ich setzte mich mit dem Freund in eines der kleinen Separees aus Bambus und Stroh. Darin nur ein schlicht gezimmerter Tisch aus Holz, schon fleckig von den vielen Speisen, die hier aufgetragen worden waren. Eine Fliege störte die Ruhe. Chinesen geraten gern in Aufregung, manche Frauen gar in Hysterie, wenn einer dieser »schmutzigen« schwarzen Brummer es wagt, sich auf ein Gemüseblatt der frisch hereingetragenen Speise zu setzen. Jin zündete sich eine weitere »Double Happiness« an – und der Rauch verscheuchte den ungebetenen Gast. Wieder erlebten wir kurz und intensiv eine der kleinen Freuden des Jin Shengtan. Der meinte nämlich: »Das Fenster öffnen und eine Wespe aus dem Zimmer lassen. Ist das vielleicht nicht Glück?« Wir taten es ihm nach und entließen die störende Fliege in die heraufziehende Dämmerung.

Der nächste Glücksmoment folgte, als Jin seine Zigarette ausdrückte. Er rauchte Kette wie viele chinesische Männer meiner Generation. Jin war ein großer Raucher, der niemals über irgendetwas wirklich in Wut geraten konnte, ganz einfach weil er immer einen Glimmstängel im Mundwinkel trug. Auch das war natürlich Glück. Lin Yutang, selbst Pfeifenraucher, schrieb dazu einmal: »Man kann nicht die Pfeife (oder die Zigarette) zwischen den Zähnen halten und gleichzeitig mit Stentorstimme brüllen.«[4] Da war etwas dran, denn Jin, der immer an einem Glimmstängel zog, brüllte nie. Er war die Sanftmut in Person, und wenn er nicht rauchte, dann aß oder trank er. Lao He kam herein und servierte den Pak-choi. Ich trank dazu Bier der Marke »Hans«. Ein Deutscher aus Dortmund war es, der den Leuten in Xi'an vor 20 Jahren zeigte, wie man Bier braute. Seitdem gibt es diese Marke, die seinen Vornamen trägt, der Nachname wäre vermutlich zu lang und kompliziert gewesen. Der Pak-choi schmeckte genau so, wie er aussah, als ihn Hes Frau frisch vom Feld pflückte. Leicht süß und knackig, weil nur kurz blanchiert. Das Huhn belohnte das Warten. Plötzlich stand der große Tontopf vor uns. Jin lehnte sich zurück. Ein Lächeln huschte über sein Gesicht. »Iss«, sagte er, »iss.« Er selbst hielt es lieber mit der Zigarette, nahm einen tiefen Zug, dann ergriff er meine Schale und füllte sie mit reichlich Brühe und dem größten Hühnerbein. Ich wehrte ab, doch Jin schüttelte nur den Kopf: »Iss, das Huhn ist gut. So wie der Tag.« Ich tauchte meinen Löffel ein. Kleine gelbliche Fettaugen schwammen auf der klaren Brühe, das Fleisch fiel wie von selbst vom Knochen auf meinen Löffel. Ich kostete. Perfekt – die Brühe schmeckte kraftvoll, selbst das Fleisch, das nach langem Kochen auf kleiner Flamme so viel Geschmack an die Suppe abgegeben hatte, schmeckte nicht ausgelaugt. Wie viel Kraft in diesen kleinen Landfreuden steckte!

Jin zündete sich wieder eine »Double Happiness« an. »Weißt du«, begann er, »China ist eine Bauernkultur. Die wirklich einleuchtenden Freuden sind die Freuden der Bauern. Erinnerst du dich noch an unsere Ausflüge nach Shanbei, an den Gelben Fluss in den neunziger Jahren?« Ich nickte. »Damals war das eine arme Gegend, und die Menschen lebten ja fast alle in diesen *yaodong*-Höhlenwohnungen wie seit Jahrhunderten.« Ich kannte das nur zu gut. Schließlich hatte ich Jins Bilder und die anderer Fotografen über dieses alte Bauernland am Gelben Fluss 1996 in Dortmund zu einer Ausstellung zusammengestellt. »Bilder des chinesischen Landes« nannten wir das damals. Jin erzählte weiter: »Die haben Öl gefunden oben in Shanbei. Manche der Bauern sind unglaublich reich geworden, fahren schwere Limousinen, Audi, Benz, BMW. Einer von denen namens Li war durch Abtretung seiner Landnutzungsrechte an die Ölgesellschaft unglaublich reich geworden. Was machte der Mann mit dem Geld? Er ging einkaufen. Natürlich nicht nur für sich, sondern für seine ganze Familie. Ein Bauer denkt immer an seine Familie. Und was kauft er ein? Autos natürlich, denn wer ein Haus oder eine Wohnung hat, der kauft als nächstes Autos. Der Bauer hatte davon gehört, dass die Deutschen besonders gute Autos bauen, und ganz besonders gut sollten BMW-Fahrzeuge sein. Also zog er in der festen Absicht mit seinem Sohn und seinem Enkel nach Xi'an, für alle einen BMW zu kaufen. Der Händler – ein Bekannter eines Freundes, der mir die Geschichte erzählt hat – witterte das große Geschäft, pries die Vorzüge der Autos, das Fahrwerk, die Motoren. Li verstand rein gar nichts – interessierte sich aber sehr für die Ledersitze eines 7er BMWs. ›Woraus sind die gemacht?‹, fragte er den Händler. ›Na, aus Ochsenleder.‹ – ›Wie viele Ochsen brauchte man dafür?‹ – ›Na, mindestens einen ausgewachsenen Zugochsen‹, meinte der Händler. ›Einen ganzen Zugochsen?‹ – ›Ja‹, sagte der Händler, ›mindestens.‹ Lis Augen strahlten. Die Freude der Bauern, verstehst du?« Ich nickte. »Wir hatten einmal einen solchen starken Zugochsen‹, sagte er dem Händler. ›Ein wunderbares Arbeitstier. Ohne ihn hätten wir die Hirse nie auf die Felder bekommen. Abgemacht – ich nehme drei davon, diesen großen für mich, den mittleren‹, er deutete auf einen 5er, der auf der anderen Seite stand, ›für meinen Sohn hier und den kleinen dort‹ – ein 3er Cabrio ebenfalls mit Ledersitzen – ›für meinen Enkel.‹ Drei Ochsen gekauft, wenn das kein guter Markttag war! Li fuhr mit seinen Söhnen glücklich wieder zurück nach Norden. Die Autos ließ er mit einer roten Schärpe wie ein Hochzeitsgeschenk verpacken und sich nachsenden.« Jin endete hier. Wir lachten. »Nun kenne ich wirklich die Freuden der Bauern«, sagte ich. »Ja, ist das nicht viel besser, als über technische Daten zu reden und viel darüber nachzudenken?« Einfach das Leder spüren, zu wissen, was wirklich Wert hat. Ist das nicht Glück?

Sind diese Geschichten Fiktion? Folgt man wissenschaftlichen Ergebnissen, mag dies auf den ersten Blick so scheinen. Demzufolge müssten Chinesen relativ freudlose Menschen in einer ebenso freudlosen Umgebung sein. Zumindest kommt der *World Happiness Report*, der jedes Jahr von den Vereinten Nationen in Auftrag gegeben wird, in Teilen einer umfangreichen Analyse zu diesem Ergebnis. Unter den ersten 85 gelisteten Ländern, angeführt von Dänemark, dem »glücklichsten Land der Welt«, tauchte China erst gar nicht auf.[5] Stöbert man etwas genauer und schlägt den sehr umfangreichen Bericht einmal auf, so findet man China weit abgeschlagen mit einem unterdurchschnittlichen Wert von 4,7 auf der Seite der freudlosen Gesellschaften der Erde, in guter Nachbarschaft zu Mosambik und Somalia.[6] Selbst Russland, ein Land, dessen Menschen mir noch mit sehr ernsten Gesichtern und wenig Antrieb, einmal aus vollem Herzen zu lachen, in guter Erinnerung sind, erscheint mit einem Wert von 5,5 deutlich freudvoller als China. Allerdings ist der *World Happiness Report* ein Bericht, der sehr umfangreich ist und verschiedene Messungen nach unterschiedlichen Leitfragen vornimmt. Die Autoren unterscheiden sehr genau nach sogenannter affektiver Freude *(affective happiness)* und evaluatorischer Freude *(evaluative happiness)*. Das klingt erst einmal wissenschaftlich verbrämt, macht aber großen Sinn, wenn man sich überhaupt darauf einlassen möchte, dem Phänomen der Freude genauer auf den Grund zu gehen. Affektive Freuden – im Plural – sind täglich wechselnde Freuden: Freundschafts- und Kontakterlebnisse, Zeit mit der Familie, Sex, aber auch solche Dinge wie Essen gehen und gemeinsam mit Freunden Spaß haben. Negativ beeinflusst werden solche Freuden des Alltags heute vor allem von zu langer, harter Arbeit, Leistungsdruck oder Auseinandersetzungen mit Vorgesetzten. Zu den »evaluatorischen Freuden« gehören all jene Dinge, die wir gern nennen, wenn wir gefragt werden, was unser Leben gut macht und uns ein zufriedenes, bisweilen glückliches Lebensgefühl vermittelt: Faktoren wie hohes Einkommen, Gesundheit, Vertrauen in die eigene Umgebung, soziale Gleichheit und vieles andere mehr.

Es fällt sofort auf: Letztere »Freuden« sind alles Faktoren, die den Erfolg westlich-demokratischer Gesellschaften ausmachen. China liegt hier weit abgeschlagen, sogar fast alarmierend weit hinten. Das reflektiert das hohe Maß an sozialer Ungleichheit im Land und auch die relative Unzufriedenheit der meisten Menschen mit ihrem »Status quo« – trotz des enormen Zuwachses an Reichtum für alle in den letzten Dekaden. Auf die klassische Frage »Wie zufrieden oder sogar glücklich sind Sie mit Ihrem Leben?« können in China derzeit keine befriedigenden Antworten gefunden werden – zumindest scheinen die Menschen, so befragt, unglücklicher als die der meisten anderen Staaten der Welt.

Doch wer gerade die kleine Episode oben gelesen hat und dazu noch China kennt, weiß, dass Lachen und strahlende Gesichter in China nicht selten sind. Vielleicht sogar häufiger als in Ländern wie Russland oder Deutschland.

Wie erklärt sich das? Chinesische Freude, nennen wir sie nun *xi* oder *le,* entspricht sehr dem affektiven Typus. Ihr schnelles Aufkommen und ihre ebenso schnelle Vergänglichkeit werden in dem Begriff »kuai le« für »Freude« sichtbar. Dieses Wort ist eine Zusammensetzung aus »kuai 快«, dem Schriftzeichen für »schnell«, und »le 樂«, dem Zeichen für Freude. Freuden kommen schnell und äußern sich dann oft in einem befreienden Lachen. Dieses *kuaile*-Gefühl aber ist äußerst vergänglich. Es kommt entschieden auf den Moment an, ob ich Freude, Zorn oder gar Hass um mich herum verspüre. Jin Shengtan hat intuitiv mit seinen »33 Augenblicken des Glücks« besser als alle Wissenschaftler erfasst, was chinesisches Glücksgefühl auszeichnet. Das Momenthafte eben. Häufen sich solche Momente, dann entsteht ein durchaus freudvolles Leben, das aber nicht zwangsweise mit dem Gefühl einhergehen muss, ein »zufriedenstellendes oder gar glückliches Leben« zu führen. Wenn ich mit Chinesen über meine Herkunft aus Deutschland sprach, wurde mir oft gesagt, wie glücklich ich doch sein müsse, aus einem so entwickelten, stabilen und reichen Land zu stammen. Obwohl China sich genau diese Ziele gesetzt hat und dort, objektiv gesprochen, viele Erfolge in den letzten Jahrzehnten aufzuweisen hat, scheint es für viele nicht unbedingt Glück zu bedeuten, in China geboren zu sein – auch wenn Erziehung zur Mutterlandsliebe das immer wieder einfordert. Die »glücklicheren« Chinesen halten ihre Greencards trotz allen Reichtums- und BIP-Zuwächsen jedenfalls sicherheitshalber in Ehren, um im Bedarfsfall doch noch in ein »glücklicheres Land« ausreisen zu können. China ist ein ausgezeichnetes Beispiel dafür, dass BIP-Steigerungen nicht unbedingt mehr Freude im Leben bedeuten. Die Kampagne der Kommunistischen Partei für eine »harmonische Gesellschaft« ist nicht zuletzt auch vor diesem Hintergrund zu verstehen.

Besonders geeignete Momente für Freude liegen also traditionell beim Essen, das wiederum auf die Verbindung mit dem Land und der Erde jedes einzelnen Menschen verweist. Funktioniert diese Beziehung, so ergeben sich nahezu endlose Möglichkeiten des Kreativen – und das, was man aus den guten Dingen dieser Erde »erkochen« kann, übersteigt die Vorstellungskraft des Einzelnen. Chen Jitong (1852–1907), Chinas erster Autor, der auf Französisch schrieb, hat das in seinem Buch *Die Freuden der Chinesen*[7] schon am Ende des 19. Jahrhunderts beschrieben.

Die Wissenschaft unterstützt im Übrigen schon lange meine These: Der taiwanesische Psychologe Kuo-shu Yan verwies in den 1980er Jahren auf Testreihen mit

Chinesinnen und Chinesen in den 1970er Jahren, die zeigen, dass »Freiheiten für Spaß und Zufriedenheit« besonders in Verbindung mit gutem Essen empfunden werden und am Esstisch ihren verlässlichsten Ort erhalten.[8] Geschmack entsteht im Mund und verwandelt sich in der Gemeinschaft am Esstisch zur Freude. Der Esstisch ist darüber hinaus neben der Familie der einzige Ort, der in China wirklich so etwas wie Gemeinschaftsgefühl entstehen lässt. Essen und soziale Zusammengehörigkeit sind eng miteinander verknüpft, und daher spricht Yi Zhongtian von einer »hervorgegessenen Blutsbeziehung am Esstisch«.[9] Noch vor wenigen Generationen war es üblich, dem Ehrengast am Esstisch genau wie dem Nachwuchs in der Familie die besten Bissen buchstäblich in den Mund zu legen. Darin lag eine ganz besondere Freude der Gastgeber.

Nun bin ich genau wieder dort, wo meine Erzählung begann – bei der kleinen Geschichte über die Freuden der Bauern, die ich mit Jin am Esstisch empfunden habe. Erlebte Eintracht von Geschmack und Gemeinschaft am Esstisch – ein Gefühl der Freude, das in guten Momenten immer wieder erlebt werden kann und erlebt werden muss. Der *World Happiness Report* zeigt nämlich auch deutlich, dass gerade affektive Freuden, auch wenn sie häufig empfunden werden, in China eben nicht zu beständigem Glücksgefühl subsumiert werden. Das ist ebenso wahr wie die Tatsache, dass hervorgegessene Beziehungen immer wieder erneuert werden müssen, wenn sie halten und nicht dem Strom des Vergessens anheimfallen sollen. Wer chinesisches Glück empfinden will, muss bereit sein, dieses immer wieder neu zu suchen – dauerhaft wird es sich nie einstellen.

Humor oder der Ring des Mr. Bean

Shaly trug seine dunkle Sonnenbrille, als ich ihm die Tür öffnete. Hinter ihm kicherten zwei junge Frauen, beide nicht älter als 25. Eher 20. »Seid ihr fertig?« – »Sofort. Noch zehn Minuten.« Shaly stolzierte mit seinen Begleiterinnen im Gefolge direkt in unser Hotelzimmer, wo Siegmar sich gerade umzog. »Huch«, machte der nur, verdrehte die Augen und sagte: »Sorry, I have to go to the bathroom.« Dabei stolperte er fast über eine von Shalys Begleiterinnen, die ihm den Mund zum Begrüßungskuss bot. Siegmar blickte sie strafend an, was beide Damen mit ausgelassenem Lachen quittierten. »Das sind Aigün und Chandra«, sagte Shaly. »Chandra ist mein Mädchen, Aigün habe ich für euch mitgebracht.« – »Alle nennen mich Beibei«, flötete Aigün gleich hinterher und riss die mit Mascara schwarz geschminkten Augen auf. »Aha«, sagte ich. Siegmar kam fertig angezogen aus dem Bad, grinste die drei Besucher etwas hilflos an. Wieder Lachen. »Der ist niedlich.« – »Wie heißt er?« – »Siegmar.« – »Hä?« – »Siegmar.« – »Zickmer?« – »Ja,

Zickmer.« Das war geklärt, und es deutete sich schon an, wer Favorit des Abends werden würde.

Wir waren ganze 50 Kilometer von der chinesisch-kasachischen Grenze entfernt. Shaly und die beiden Mädchen waren Kasachen. Im Unterschied zu den Uiguren, mit denen sich Kasachen, Tadschiken, Kirgisen und andere Völker traditionell den fernen Westen Chinas teilten, hatten sich gerade die Kasachen stark assimiliert. Besser in der chinesischen Sprache als in der kasachischen zu Hause, nannten sich jüngere Damen dann nicht mehr Aigün, sondern einfach Beibei. Und Beibeis sind in China so zahlreich wie die Sterne.

Aigün und Chandra sprachen akzentfrei Hochchinesisch, während der ältere Shaly kasachisch gefärbt redete. Sie alle stammten aus der Stadt, die unter dem Namen Yili bekannt war und offiziell nun Yining hieß. Die Gegend war immer umkämpft gewesen: einmal russisch, ein anderes Mal unabhängig und dann wieder chinesisch. Jetzt war es ruhig in den Straßen, obwohl wir wussten, dass das Militär auf Posten stand. Anschläge, verübt von uigurischen Dschihadisten, hielten Chinas nordwestliche Randprovinz Xinjiang unter einer Art Kriegsrecht.

Doch niemand behelligte uns, und wir erreichten schnell das kleine Restaurant an der Hauptstraße, das Shaly und sein Freund Archen für den ersten Abend ausgewählt hatten. Dort herrschte schon munterer

Betrieb. Archen, ein höflicher Mann mit Bildung, Bauingenieur, kam auf uns zu, schüttelte uns die Hand. Auch er ein Kasache. Der Restaurantmanager war hingegen Han-Chinese mit unverkennbarem Pekinger Akzent. Er beteuerte, es sei ihm »eine Ehre, uns zwei deutsche Gäste hier zu empfangen«. Deutsche gebe es nicht viele in Yili und es sei gut, dass wir hier seien. Shanghai lag 4500 Kilometer im Osten zurück. »Die anderen Deutschen haben wir dagelassen«, sagte ich. Lachen.

Wir umringten zu acht den größten Tisch des Lokals: zwei deutsche, drei kasachische Männer, zwei kasachische Frauen und ein Chinese. Acht ist die Glückszahl in China. Zu Beginn des Essens zunächst das Zweitwichtigste: der Alkohol. Neben Wusu-Bier ließ der Pekinger Manager *baijiu* auffahren: »Aus unserer Gegend«, sagte Archen, »Ili-Baijiu ist bekannt.« Ich blickte auf die Flasche und war beruhigt. Whisky-Stärke 43 Prozent. Kein selbstgebrannter Wodka und selbst schwach im Vergleich zum berüchtigten *Erguotou* aus Peking, der mit 56 Prozent die Gemüter leicht zum Brennen brachte. Die Herausforderung schien annehmbar.

Beibei hatte sich demonstrativ auf meine Seite gesetzt, schlug die Beine forsch übereinander und redete Kasachisch mit Oerkan, dem sympathischen Absolventen eines Sinologie-Studiengangs. Neben Oerkan saß Pangzi, der »Dicke«, wie ihn alle nannten. Namen waren oft beliebig in lockeren Runden – und man tat gut daran, sie nicht allzu ernst zu nehmen. Wer den anderen nicht kannte, redete ihn einfach mit »gut aussehender

Bruder«, »schöne Frau« oder manchmal auch »Dicker« an. Ob das nun alles der Wahrheit entsprach oder nicht, war zweitrangig. Unser »Dicker« mischte jedenfalls kräftig im Restaurantgeschäft mit und hatte außerdem den Trend, überall Biofarmen und »Veggie-Läden« zu gründen, gerade erfolgreich in die kasachische Steppe importiert, wie er uns stolz erzählte.

Unter Kasachen und besonders unter den »glücklichen Acht« war es üblich, eine Rede zu Ehren der Gäste zu halten. Als Chef im Ring war das Shalys Job, der dazu sogar die dunkle Mafiabrille abnahm und bedeutungsschwer aufstand: »Ein Erbstück meines Großvaters, der ihn schon in der zweiten Generation von seinem Vater übernommen hat.« Shaly deutete dabei auf einen beeindruckenden Silberring an seinem Finger, der mit einem noch beeindruckenderen Halbedelstein geschmückt war: »Dann trug ihn mein Vater und dann ich. Es ist unter Kasachen üblich, Gastgeschenke zu machen – und Ma Ke«, das war mein chinesischer Name, »du wirst es verzeihen, du kennst China schon lange – daher möchte ich diesen Ring, der 317 Jahre alt ist« – beeindrucktes Raunen am Tisch –, »Zickmer schenken. Zickmer soll ihn tragen, Zickmer gefällt mir.«

Der so plötzlich Beschenkte wusste nicht, wie ihm geschah. Auch ich war perplex. Mit aufgerissenen Augen deutete Siegmar auf sich und stieß hervor: »Ich???« Pangzi, der Dicke, prustete los und rief: »Händel …!« Wir achteten nicht auf Pangzi und sagten: »Nein, das können wir nicht annehmen.« Doch da stand Shaly, nun wieder die Mafiabrille vor den Augen, schon vor uns, steckte »Zickmer« den Ring höchstpersönlich an den Finger. »Hao pengyou«, sagt Shaly. »Good friend«, flötete Beibei. Umarmen, Schulterklopfen – und runter mit dem, was wir noch in den Gläsern hatten.

Dann hatte der neue »Herr des Ringes« seinen Auftritt, rollte mit den Augen, modulierte die Stimme, fiepte, gurrte und stieß immer wieder ein lautes »Jawoll, jawoll« hervor, wenn seine Nachbarn erneut mit ihm trinken wollten, ohne dass er sich gleich verleiten ließ. »Mit den Damen«, lautete seine Devise. Beibei hatte sich mittlerweile neben mich gesetzt und schoss mit ihrem Samsung-Smartphone ein »Doppel-Selfie« von uns nach dem anderen: »Ma Ke, wir sind doch good friend, oder? I love you, Ma Ke.« Und dann wieder: »Zickmer, tai ke'ai« – Zickmer, der Knuddelbär von Yining. »Der Herr des Ringes« entsprach voll und ganz der Vorstellung eines »netten Menschen«. Und mit der Einstufung als »niedlich« hatte er die besten Voraussetzungen, in China, ja in ganz Ostasien beliebt zu sein. Die Japaner haben daraus eine ganze Kultur in ihren Manga-Welten geschaffen, und die japanische Entsprechung in gleichen Schriftzeichen lautet ganz ähnlich: »kawaii« statt »ke'ai«.

Da war es wieder: Pangzi sagte: »Zickmer ist Händel.« Wir trauten unseren Ohren nicht. Pangzi als Bildungsbürger? Als Fan deutscher Klassik? Verwunderung mischte sich mit Erstaunen.

»Händel, haha, Händel.« Pangzi konnte sich kaum

noch halten vor Lachen. »Prost, Händel.« Er stieß uns sein bis zum Überlaufen gefülltes Glas hochprozentigen Yili-Schnaps entgegen. Der Angesprochene rollte die Augen, machte erst ein verdattertes, dann ein empörtes Gesicht, kniff die Augen zusammen, fixierte Pangzi mit einem stechenden Blick. Der lag fast am Boden: »Händel, nein, hör auf, hör auf!« Auch Beibei hatte ihre Beherrschung nun vollends verloren: »Zu niedlich, Händel, einfach niedlich.« Siegmar ließ seine Slapstick-Einlagen kurz pausieren. Wir schauten uns wieder fragend an. Händel? Das konnte doch wohl nicht sein, dass sich hier in einer Kaschemme mitten in der kasachischen Steppe, am Rande Chinas, über 4000 Kilometer nordwestlich von Shanghai, Fans des deutsch-englischen Komponisten Georg Friedrich Händel fanden? In China musste man zwar mit (fast) allem rechnen, aber das wäre nun doch des Skurrilen, geradezu Absurden zu viel! Wir sahen uns fragend an, zuckten mit den Schultern, und Siegmar beschloss, auf der Erfolgsschiene weiterzumachen – schließlich musste er das Gastgeschenk rechtfertigen. Er rollte weiter die Augen, zuckte bei jeder Berührung Beibeis schreckhaft zusammen, was sofort wieder die beiden Worte »Händel« und »ke'ai« sowie ein Smartphone-Foto auslöste. Mittlerweile hatte auch der Rest der Tischgemeinschaft iPhone und andere schlaue Telefone gezückt. Man schoss Fotos von »Händel«.

Beibei sprach das beste Hochchinesisch am Tisch. Plötzlich verstand ich richtig: »Han Dou«, nicht Händel!

Das war doch … der chinesische Name für den englischen Starkomiker Rowan Atkinson alias Mr. Bean. Natürlich! Siegmar war für unsere neuen Freunde aus Yili
die Reinkarnation des beliebten englischen Slapstick-
Meisters. Mr. Bean war ein großer Star in China und
der einzige westliche Komiker, der hier wirklich Erfolg
hatte. Die Chinesen mochten Atkinsons herrlich-einfa-
che Übertreibung in Mimik und Gestik. Zu Mr. Bean zu
werden war genial, doch die Begabung hatten nur wenige. Siegmar alias »Zickmer, der Ringträger«, gehörte zu
diesen Begnadeten, die voll den chinesischen Sinn für
einfachen, aber ehrlichen und nicht hintergründig ge-
meinen Humor vollauf trafen. »Mr. Bean« gurrte, fiepte,
gluckste, mimte Erschrecken. Selbst »Godfather« Shaly
konnte nicht mehr an sich halten. Die Tafelrunde lag
dem Hobby-Komiker aus Deutschland lachend zu Füßen.

Humor ist eine schwierige Kategorie der Freude.
Schwierig deshalb, weil er so unterschiedliche Gesichter hat, die oft nur innerhalb ganz bestimmter Kulturen
funktionieren, also nur wenn wir den Kontext kennen.
Siegmar hatte den Humor jedenfalls mit Einfühlungs-
vermögen getroffen: Witzige, nicht aggressive Über-
treibungen, das richtige Gespür für Situationskomik
und eine natürliche Begabung für Slapstick können im
Reich der Mitte zur Erfolgsgeschichte werden. So wie
Kinder übergroße Puppen mit gewaltigen Augen lieben, so liebt man nicht nur in Yili das Übertriebene. Ich

versige mich hier zu der ernsten Behauptung, dass Menschen in China – und auch in Japan – Züge ihrer Kindheit länger bewahren als viele Menschen im Westen. Der japanische Manga mit seinem heute typischen Zeichenstil, den übergroßen Augen und jugendlich frech gestylten Frisuren ist das östliche Gegenstück des »Antihelden« Oskar aus Günter Grass' »Blechtrommel«, sprich des Erwachsenen, der sich dem Erwachsenwerden verweigerte. Er stammt aus der chinesischen Volkskunst, dem Blockdruck, beeinflusste dann Japan, wurde von bekannten Malern wie Katsushika Hokusai (ca. 1760–1849) zu einem eigenen Genre entwickelt. Seine Erfolgsgeschichte ist dem glücklichen Zusammentreffen von Tradition und Antitradition geschuldet, und beides entlud sich in einer Explosion von Zeichnung, ähnlich energiereich wie in physikalischen Welten das Zusammentreffen von Materie und Antimaterie.

»Humor«, so schrieb der Chinese Lin Yutang über das Ideal des chinesischen Witzes, brauche »lichte Vernunft, Heiterkeit des Philosophierens und Einfachheit im Denken«.[10] Wenn man Vernunft und Philosophie einmal beiseiteschiebt, so bleibt die »Einfachheit des Denkens.« Das ist im Sinne eines weise lächelnden Gelehrten zu verstehen, der schwierige Sachverhalte – auch und gerade Beziehungen zwischen Menschen – mit »einfachen Worten« zu beschreiben versteht. Diese »Einfachheit« sei »höchstes und gesündestes Ideal der Gesittung«, schwärmte Lin weiter, die besten Stücke chinesischen Humors vor Augen.

In ihrer Art der ebenso einfachen wie deutlichen Übertreibung treffen sich Siegmar und Mr. Bean mit Chinas Fernsehstar Zhao Benshan. Zhao Benshan prägte über Jahrzehnte hinweg Chinas Humor, auch wenn er nun langsam für die jüngere Generation zu alt wird. Geboren 1957 im Nordosten Chinas, der ehemaligen Mandschurei, stammt Chinas Top-Komiker aus ländlichen Verhältnissen. Er wuchs als Waise bei seinem Onkel auf und erlernte bereits als Kind die Traditionen ländlicher Unterhaltung, für die Chinas Nordosten bekannt ist. Dazu gehört auch jene des sogenannten *Er Ren Zhuan* – Tanz- und Gesangsdarbietungen, die immer von einem Jungen und einem Mädchen gemeinsam aufgeführt werden. Viele dialogische Unterhaltungsformate im heutigen China stehen damit in Verbindung, ganz besonders die sehr beliebten Sketche *(xiaopin),* die Zhao berühmt machten.

Er selbst karikiert am liebsten den nordostchinesischen Bauern als naiv, gutgläubig, etwas trottelig und immer im ebenso breiten wie lauten Nordost-Idiom daherredend. Das verschaffte ihm einen festen Platz in Chinas größter Fernsehshow, der alljährlichen Neujahrsgala des Staatsfernsehens CCTV. Bis zum Jahr 2012 waren Zhaos Sketche die absoluten Höhepunkte an jedem chinesischen Silvesterabend. Sie gehörten zu *jiaozi*-Teigtaschen wie das *Dinner for One* zum deutschen Silvester-Sekt. Da chinesische Sketche in der Tradition ländlicher Singspiele stehen und mit sehr wenig Aufwand realisiert werden können, benötigen sie nur minimalistische Bühnenbilder, die oft aus einem einzigen Tisch, wenigen Sitzmöbeln und dazu passenden Requisiten bestehen. So auch in *Die Zeitarbeiterin*, einem der bekanntesten Sketche Zhao Benshans, den am Neujahrsabend des Drachenjahres 2000 Hunderte von Millionen Zuschauern gesehen und belacht hatten:

Die Zeitarbeiterin: »Ihr Sohn hat mich eingeladen, Sie eine Stunde lang zu unterhalten. Er hat mir sogar gesagt, ich solle mit dem Taxi kommen. War viel los auf den Straßen. Jetzt ist nur noch eine Viertelstunde übrig. Wir müssen uns also beeilen.«

»Was ist los?«, fragt Benshan, alleinstehender Pensionär, überrumpelt zurück.

»Unsere Grundhaltung ist, herzlich zu sein. Dafür bekomme ich Ihr Lächeln. Na, ich zieh dann mal meine Weste aus.«

»Große Schwester, äh, große Schwester ...«

»Los, beeilen Sie sich. Wir haben nur wenig Zeit ...«

»Nein, das geht nicht, was machen Sie da eigentlich?«

»Nun setzen Sie sich endlich, setzen Sie sich doch ...«

»Große Schwester, ich habe Herzprobleme.«

»Typischer Fall von Schüchternheit ... Also, ich erzähle Ihnen erst einmal zwei Witze, um Ihr Hirnschmalz anzuregen. Mal sehen, wie intelligent Sie sind. Und so bekommen wir auch diese hölzerne Atmosphäre weg – alles klar? Also hören Sie mal gut zu, wirklich witzig ...«

Benshan ist sprachlos, setzt sich brav.

»Nun, sagen Sie mal: Um einen Elefanten in den

Kühlschrank zu stecken, welche Schritte benötigt man dafür?«

Benshan schaut verdattert in die Runde. Das Publikum lacht. Szenenapplaus.

»Na, drei Schritte. Schritt eins: Öffnen Sie die Kühlschranktür. Schritt zwei: Schieben Sie den Elefanten hinein. Schritt drei: Machen Sie die Kühlschranktür wieder zu.«

Lautes Lachen, der erste Binnenwitz des Sketches wird mit Szenenapplaus belohnt. Benshan verschwindet.

»Na, wo is er denn?«

Benshan umwandert planlos seine Wohnzimmergarnitur, die resolute »Große Schwester« lacht weiter lauthals.

»Na, nun schauen Sie mal, wie ich lache. Wie kommt's, dass Sie gar nicht darüber lachen?« – »Was soll ich denn darüber lachen?« – »Ach, also einer ohne Sinn für Humor. Also starten wir einen weiteren Versuch. Nun sind Sie dran: Der ganze Zoo hält eine Generalversammlung aller Zoobewohner ab – na, welches Tier ist wohl nicht erschienen?«

Benshan schweigt, schüchtern auf der Armlehne seines eigenen Wohnzimmersessels hockend.

»Na, der Elefant natürlich! Der ist doch im Kühlschrank eingeschlossen.«

Benshans Mund steht weit offen. Das Publikum ist begeistert. Szenenapplaus.

»Man, ich lach mich kaputt.« – »Ah, mich stresst das hier … Große Schwester, nun hören Sie doch auf zu lachen, Sie verschlucken sich ja an Ihrem Tee. Also, ich hab's immer noch nicht kapiert. Warum hat mein Sohn Sie hergeschickt, können Sie mir das noch mal erklären?« – »Um Sie zu unterhalten, mit Ihnen zu quatschen und zu tratschen.« – »Mich dreimal zu begleiten also.«

Große Lacher. Nun ist Benshan vollkommen perplex, denn »dreimal begleiten« ist ein umgangssprachlicher Ausdruck für eine Prostituierte, die den Mann mit ihren Diensten dreimal begleitet: beim Essen, beim Trinken und beim Schlafen.

»Was reden Sie denn da!« – »Große Schwester, Sie verstehen nicht …« – »Ich verstehe nicht. Nun sage ich Ihnen mal: Unser Beruf heißt – groß gedacht – Familienregierung, im Kleinen werden wir eben ›Zeitarbeiter‹ genannt. Im Ausland heißen wir ›Sai kao lei ji si te‹ – ›Psychologist‹ also! Wenn man das nun ins Chinesische übersetzt, dann sind wir ›Seelenärzte‹ – klar? Ach, der versteht wirklich gar nichts, ich gehe! Das ist doch zu viel …« Dem verdatterten Benshan gelingt es, die verärgerte »Große Schwester« zurückzuhalten – und der Sketch läuft weiter.[11]

Auch wenn der Auftritt der »Zeitarbeiterin« im chinesischen Fernsehen schon viele Jahre vorüber ist und China sich seitdem mit iPhones, Hochhäusern, Privatwagen und deutlich schickerer Mode als damals schmückt und Mr. Bean in Hochgeschwindigkeitszügen zu sehen ist – ich gehe fest davon aus, dass heute noch genauso herzlich über den Sketch Zhao Benshans und Song Dandans gelacht würde.

Nicht zuletzt da er es versteht, sich solch verbreiteten chinesischen Phänomenen, wie hier der Vereinsamung alter Menschen, mit gut proportionierter Ironie zu nähern und sich ohne Sarkasmus über die menschlichen Eigenheiten zu mokieren. Spezifisch chinesisch ist sicher auch der ausgeprägte Wortwitz, das Spielen mit Begriffen wie der »Prostituierten«, die umgangssprachlich einfach »dreimal begleiten« heißt. Wer wortgewandt und schlagfertig aus verwendeten Begriffen etwas Analoges bilden kann, was sofort witzig wirkt, der hat gewonnen. Am Esstisch gab es im alten China dazu besondere Trinkspiele, um die Kunst des Wortwitzes und der Anspielung zu üben. Der ist dazu sicher der rechte Ort: Auch ich bin sprachlich immer am erfolgreichsten, wenn ich nach zwei, drei Bier und einigen guten Bissen genug »Mundgefühl« entwickelt habe, um so richtig mitzureden.

WUT

Von Bierflaschen und Hundebesitzern

Die leeren und die fast leeren Teller türmten sich wild übereinander, inhaltslose Bier- und Schnapsflaschen kündeten von vergangenen Freuden. »Mr. Bean«, Star des heutigen Abends, hatte sich auf die nächstgelegene Toilette verzogen. Das Lächeln war aus den Gesichtern der Tafelgäste verschwunden, das Rot vom vielen Alkohol zurückgeblieben. Die gleiche Leere, die vor unserer Ankunft in dem kleinen Speiseraum mit den rot-weiß karierten Tischdecken geherrscht hatte, war zurückgekehrt, der Moment der Ausgelassenheit vergangen. Nur die Unordnung hielt das Geschehene noch fest. Ich war erledigt vom Essen, Trinken und Lachen, freute mich nun auf die Nachtruhe im nahen Hotel, und nichts schien dem entgegenzustehen – bis auf Chandra, Shalys Freundin. Sie stand am Ausgang neben den gestapelten Bierkisten, die auf neue Gäste an kommenden Abenden warteten. Sie stand völlig reglos da, und die Mischung aus Schnaps und Bier, zu der »Mr. Bean« sie ermutigt hatte, entfaltete nun ihre volle Wirkung. Auf ihren hohen Absätzen wippte sie leicht hin und her, schwankte wie ein Bambus im Nachtwind. Ich blickte in ihr Gesicht mit dem rot geschminkten Mund und den langen Augenwimpern. Die Augen erinnerten an alte buddhistische Wandmalereien, die es hier in Xinjiang gab. Schmale Augenmandeln, schon mit einem Anflug von Lichtgrau, das von China nach Zentralasien deutete.

Doch plötzlich zogen sich die Brauen darüber zusammen wie dunkle Wolken vor einem Sommergewitter. In den Blicken von Shalys Begleitung blitzte es bereits. Zorn. Ihr Lachen, das eben noch Mr. Beans Grimassen und Grunzlaute begleitet hatte, war vergessen. Chandras Rechte schnellte nach vorn, griff eine der leeren Flaschen. In ihrer Hand mutierte sie zur Waffe. Dann schnellte diese Waffe nach vorn und zielte auf den Kopf eines Menschen. Ich blickte in Pangzis weit aufgerissene Augen im roten Mondgesicht, das zur zornigen Grimasse verzerrt war.

Alles ging blitzschnell. Schrilles Klirren, wenige Schritte entfernt, bewies, dass die Flasche auf dem Boden zerschellt war, ohne dem Gegner Schaden zugefügt zu haben. Der Restaurant-Manager hatte die Szene kommen sehen, sich geistesgegenwärtig dazwischengeworfen und in den letzten Millisekunden, bevor Pangzis Schädeldecke getroffen wurde, das Schlimmste verhindert.

Gerade in dem Moment, in dem ich mich auf Chandras Bierflaschenattentat in Xinjiang konzentriere und maßlosen Schrecken, vermischt mit Wut, in Pangzis Gesicht aufsteigen sehe, unterbrechen nächtliche Schreie meinen Schreibfluss. Sie holen mich schlagartig aus dem 4500 Kilometer entfernten Yili meiner Erinnerung zurück in das Shanghai meiner Gegenwart.

Männerstimmen hallen durch die Nacht, brechen sich an den nun unsichtbaren Betonwänden der Apartmentblöcke. Eine schrille Frauenstimme hält dagegen, äußerst spitz, äußerst hoch, schon fast nicht mehr menschlich. Die Männerschreie versuchen die schrillen Laute niederzuringen, und kurzfristig gelingt ihnen das auch. Dann setzt die Frau erneut an, schreit ihre Wut hinaus in die dunkle Vorstadtnacht Shanghais. Die Betonwände werfen den Streit als Echo zurück, das Echo reißt meinen Sohn aus dem Schlaf, genauso wie das Baby drei oder vier Stockwerke über uns, das diesmal nicht nur zu schreien beginnt, weil es hungrig geworden ist. Wir horchen. »Hilfe, Hilfe!«, ruft die Frauenstimme nur. »Hau ab, verdammt, hau ab!« Es ist unklar, wem diese Aufforderung des Mannes gilt. Einem unhörbaren Widersacher oder der Frau selbst. Mittlerweile haben sich andere Stimmen dazugemischt. Ein Mann versucht zu beschwichtigen, eine andere Frau mischt sich ein, auch ihre Stimme von Wut erfüllt, doch noch einige Dezibel leiser.

Spontane Streitereien begleiten mich, seitdem ich in China lebe. Besonders gern wird in Shanghai gestritten. Zum Glück sind es meist nur Kleinigkeiten des Alltags, die die Menschen aufregen und die eben noch charmante Stimme einer attraktiven Frau innerhalb von Sekunden zum Organ einer Furie mutieren lassen können. In Zeiten des Smartphones wird auch gern über weite Distanzen gestritten: »Wie, Sie haben mir doch zugesichert, dass erst heute Nachmittag geliefert wird. Wieso lese ich jetzt auf meinem Handy, dass Sie schon um zehn Uhr liefern?« Die Stimme dieser anderen Nachbarin war um eine halbe Oktave in die Höhe geschnellt, der Lautstärkepegel ihrer Stimme hatte sich verdoppelt. »Nein, das geht nicht. Ich bin Lehrerin, verstehen Sie, vormittags muss ich unterrichten. Nachmittags war abgesprochen … Was erzählen Sie mir hier den halben Tag lang, fragen mich tausend Dinge. Interessiert mich nicht. Der Termin war abgesprochen.«

Smartphones sind erfreulicherweise so robust gefertigt, dass sie das Shanghaier Wortstakkato der Nachbarin aushalten, einer wie gesagt sehr attraktiven und charmanten Frau mit angenehmer Stimme, wenn sie nicht gerade der Zorn spontan übermannt. Für den chinesischen Markt sollten Handys deshalb eine entscheidende Zusatzfunktion erhalten: Schalldämpfung nach außen. Denn die ebenfalls erregte Frauenstimme am Gegengerät irgendwo im grauen Dunst der Stadt war für mich schrill und deutlich zu vernehmen. Ich stand einige Meter entfernt auf meinem Balkon und hörte im Hintergrund gedämpften Baulärm. Trotzdem schlug mir, dem Distanzierten, der Zorn der beiden Kontra-

hentinnen entgegen. »Ich habe gestern extra den Nach-
mittagstermin eingetragen, also bitte, nicht vor zwei!«,
schrie die Nachbarin in ihr Gerät: »Haben Sie verstanden: zwei Uuuuhhhrrr naaaachmittaaags. Ja, nachmittags!!!« Das Signal war schlecht, beim Streiten durch
den Äther musste man zusätzlich noch um seinen Han-
dy-Empfang kämpfen. »Gut, gut, gut – hätten Sie auch
gleich so machen können. Ja, alles klar – bis dann.«

Die Zornesfalten sind vom Gesicht verschwunden,
meine Nachbarin lächelt wieder, aber nur kurz, denn
ein Blick auf das Smartphone-Display verrät: »Ich muss
los! Wirklich keine Zeit!« Das Taxi, das sie bestellt hatte,
wartete schon unten.

Zeit ist in China und besonders in Shanghai knapp.
Könnte man Zeit verkaufen, ließe sich damit ganz sicher noch mehr Geld verdienen als mit Immobilien.
Zeitmangel beschleunigt das Leben der Menschen seit
Jahren, um die ständig schrumpfende Menge an Zeit,
die einem bleibt, doch noch einzuholen. Das alte China der 1990er Jahre hatte viel davon, aber wenig Geld,
nun scheint Geld im Überfluss vorhanden, aber die
Zeit verloren gegangen. Das ständig aktive Smartphone
hält die Menschen auf Trab, peitscht sie von Termin zu
Termin, lässt sie Aufträge abwickeln, Kundenärger ab-
fangen, Wut auf Kollegen und Lieferanten übertragen.
Dazwischen wird gechattet und gespielt – oder eben gestritten. In China hat die Abhängigkeit vom Mobiltele-
fon extreme Formen angenommen. Man ist dauerhaft
erreichbar und erwartet Erreichbarkeit – bis spät in die

Nacht. Das allein ist zwar nicht nur ein chinesisches Phänomen, doch China liegt weltweit mit vorn, was die Sucht nach dem mobilen Alleinunterhalter betrifft. Die Anwesenheit von Lärm und Menschenmassen, fehlende Rückzugsmöglichkeiten, geringes Vertrauen gegenüber anderen und ständig neue Herausforderungen in einer auf Wachstum programmierten Gesellschaft scheinen damit verbunden, eine besonders explosive Mischung zu erzeugen, die dann wiederum sehr »chinesisch« ist – und das Verhalten, zum Beispiel meiner Nachbarin, prägt.

Szenenwechsel von der Neustadt in eines der letzten Shanghaier Altstadtviertel: vier Reihenhäuser, eng nebeneinandergesetzt, grau und grob verputzt und mit wildem Wein berankt. Im Giebel die Nachahmung eines europäischen Wappens, Anleihe eines kopierten Vorbilds aus den 1930er Jahren. Katzen kletterten über die vorstehenden Simse der Häuser, über die Erker und schmalen Dachgauben. Fledermäuse flatterten zwischen den Dachsimsen umher. Nebenan klackten Mahjongg-Steine. Eine kleine Ratte – oder vielleicht doch nur eine Maus – huschte über die Mauer vor mir. Nachts stand der Mond oft senkrecht über dieser Szene. Mittendrin lag mein Ort der Ruhe und Entspannung. So schien es zumindest. Ich schaukelte in meiner Hängematte unter einer Palme in einem höchstens 30 Quadratmeter großen Innenhof und versuchte den Mond einzufangen. Draußen, vor der Gasse, dröhnte ab und an ein schwerer Lastwagen oder auch ein Moped vorbei. Die Nachbarn schliefen bereits. Sie wohnten zu drei Parteien in dem gleichen Reihenhaus, das ich allein mit Frau und Kind bewohnen durfte. Ich war privilegiert und wollte es gern bleiben. Das Haus war gemietet, damals noch zu ausgesprochen günstigen Konditionen. Konditionen, zu denen in China immer gehört, dass der Mieter sich um alles kümmerte, der Vermieter im Wesentlichen nur regelmäßig die Miete eintrieb.

So kannte ich es, und alles war gut in dieser friedlichen Nacht. Bis es plötzlich recht ungemütlich wurde. Schritte vor dem Eisentor, das unser Haus von der Gasse trennte. Schweres Hämmern gegen das Eisen. Ein chinesischer Fluch entfuhr mir, als ich aus der Hängematte kugelte. Es war in alten Vierteln üblich, mit Nachdruck gegen Eisentore oder Ähnliches zu hämmern, weil man davon ausging, dass Klingeln nicht funktionierten und prinzipiell überflüssig waren. »Warte, verdammt, was soll das, mitten in der Nacht?« Meine Wut brach sich Bahn, als plötzlich meine Frau neben mir stand, alarmiert durch den Lärm. Auch die Nachbarschaft war nun wach. Lichter gingen an. Der alte Zhang stand im gestreiften Pyjama und mit fragendem Gesichtsausdruck unter dem Loquatbaum zwischen unseren Reihenhäusern. So unterstützt, öffnete ich und stand einem finster dreinblickenden Zeitgenossen gegenüber. »Morgen müsst ihr ausziehen.« – »Wer bist du? Was soll das hier?«, brüllte ich zurück. »Der Vermieter, Herr Li, will sein Haus zurückhaben!«, rief der

Mann, »und ihr tut gut daran, dem zu folgen. Ansonsten …« Was »ansonsten« passieren könnte, daran ließ
der Mann mit den geballten Fäusten keinen Zweifel.
»Ansonsten« würde er wohl wiederkommen, um uns
mit Gewalt aus dem Ort zu vertreiben, der immerhin
acht Jahre lang unser Zuhause war. Eine lange Zeit für
chinesische Verhältnisse, wo das Mieten von Wohnungen oder Häusern oft nur das Warten auf den Übergang
in eine eigene, gekaufte Wohnung oder ein gekauftes
Haus bedeutete. »Herr Li hat euch so lange hier zu äußerst günstigen Bedingungen wohnen lassen«, sagte
der Schläger und fuchtelte dabei bedrohlich mit den
Armen. Nun mischte sich auch die Nachbarin ein, die
im leichten Nachtgewand mit Lockenwicklern im Haar
neben den Nachbarn getreten war. »Was fällt dir eigentlich ein, machst mitten in der Nacht so einen Lärm.«
– »Halt dich da raus.« – »Raushalten? Soll Li doch selber
vorbeikommen. Was schickt der einen Typen wie dich
hier vorbei? Komm, ruft 110, ganz schnell …« – »Li hat
ein Recht auf sein Haus. Er will hier ein Geschäft auf-
machen, hat schon Ware bestellt – und nun müssen die
Leute ausziehen …«

O ja, Situationen wie diese lassen im Nu Wutgefühle
in ungeahntem Ausmaß aufkommen. Diese Ohnmacht,
wenn sich so plötzlich etwas verändert, wenn zwei Seiten ihr Recht durchsetzen wollen. Ob Verträge existieren, interessiert nicht. Wir hatten noch einen gültigen
Mietvertrag, doch Li hatte eine seltene Gelegenheit für
ein gutes Geschäft, die er nicht verspielen wollte. Das

kann in China ähnlich wichtig sein – oder gar wichtiger. Nicht die Rechtslage entscheidet, sondern das Aufeinandertreffen von Interessen. Der eine will wohnen bleiben, der andere braucht Raum, den er sonst nicht hat. Die ideale Ausgangsposition, um miteinander zu rangeln. Und zu schauen, wer der Stärkere ist, wer schließlich nachgibt. Wenn kein Schlichter dazwischenschreitet, eskalieren solche Streitereien meist – und es kann zu Handgreiflichkeiten kommen. Daher der Rat, »110« anzurufen. Das ist vor allem der Ruf nach dem Schlichter, einer Autorität, die hoffentlich durchsetzungsstark genug ist, um einen Kompromiss zu finden. Die Wut jedoch bleibt. Oft deshalb, weil es schwierig, aufwendig und oft genug auch ungewöhnlich ist, sein Recht zu suchen. Es fehlt ein Mietrecht, das dem Mieter umfassenden Schutz gewährt. Und selbst wenn es da wäre, würde es vermutlich nur schwer umgesetzt. Allzu oft finden Wut und Frust der Betroffenen ihr einziges Ventil im Internet, um dort in lebhaften Diskussionen weiterzuwüten.

Doch manchmal fehlt ein geeignetes Ventil, manchmal eskalieren Streits und enden tragisch. Vor wenigen Jahren ging eine Geschichte in der Stadt Hangzhou durch die Medien, die ebenso absurd wie unglaublich klingt: Der Auslöser der Auseinandersetzung war ein Hund.

Längst vorbei sind übrigens die Zeiten, in denen Hunde in erster Linie als geschmackvolle Energielieferanten für eine üppige Wintermahlzeit galten. Wenngleich das hartnäckige Vorurteil über den Hund in Chinas Bauch von westlichen Medien nur zu gern weiter bedient wird. Das Haustier Hund ist in China dagegen längst zum beliebten Knuddeltier geworden, das man beim Hundefrisör mit modischem Trendhaarkleid schmücken und beim Hundeausstatter standesgemäß einkleiden lassen kann. Ironie beiseite: Das eigene Haustier hat eine wichtige Ersatzfunktion für die schwindende Familie übernommen. Als Mensch, der ja auch nur ein Tier ist, ließ man sich in den letzten Jahren wie auch in Deutschland auf mehr »Zwischentierlichkeit« statt auf Zwischenmenschlichkeit ein. Diese neue Toleranz im Beziehungsgefüge lernten viele Chinesen vom Westen: »Wir haben tiefe Gefühle«, sagen Jung und Alt in China, wenn sie sich ihrem tierischen Liebling zuwenden. Ein Taxifahrer erzählte mir letztens tief bewegt von seiner Liebe zu deutschen Schäferhunden, die er seit Jahren in seiner kleinen Wohnung pflegt – und täglich für sie nur »gute Rinderknochen« kocht.

Wird diese neue Liebe zwischen Mensch und Tier in einer alternden Gesellschaft, die zudem immer weniger Kinder gebiert, empfindlich gestört, kann die Wut über den vermeintlichen Beziehungszerstörer in tragische Handlungen münden.

Das Ehepaar Li und Wei, wohnhaft am Huajia-Teich Nummer 39 in Hangzhou, liebte jedenfalls Hunde und hielt sich daher gleich zwei. Dummerweise war auch ihr Nachbar, der drei Stockwerke über ihnen wohnte, ein ebensolcher Hundenarr. Eifersüchtig beobachtete er, wie das Pärchen selbst täglich Händchen haltend ihre beiden Lieblinge ausführte. Sein Plan stand fest: Ich werde einen der beiden Hunde entführen – einer sollte den beiden doch ausreichen! Nachbar Wu passte eine günstige Gelegenheit ab, brach eines schönen Arbeitstages in die Wohnung des Ehepaars im zweiten Stock ein, als die beiden noch nicht von der Arbeit zurück waren – und entführte Feifei, die niedliche Cockerspaniel-Hündin. Das Bellen und Kläffen ihres Gefährten nützte nichts – Wu verschleppte Feifei in den fünften Stock. Allerdings gab es eine Augenzeugin: Nachbarin Chen aus dem dritten Stock hörte das wilde Hundegebell, schaute im Treppenhaus nach, was los sei, und sah gerade Wu, mit Feifei auf dem Arm, vom Treppenabsatz des vierten Stocks nach oben eilen. Sie wusste: Da stimmte etwas nicht.

Als Li und Wei wenig später von der Arbeit zurückkehrten, suchten sie Feifei im ganzen Haus: »Haben Sie Feifei gesehen, Frau Chen?« – »Ja«, sagte diese. »Herr Wu hat sie mitgenommen, zu sich nach oben in den fünften Stock.« – »Wu, dieses Arschloch, dieser Hundeentführer«, rief Li nun bereits außer sich vor Zorn. Gemeinsam mit seiner Frau stürmte er die Treppen hinauf. Im fünften Stock klingelten sie bei Wu Sturm, hämmerten gegen die Tür. Wu öffnete und blickte die beiden kalt an: »Was wollt ihr?« – »Rück Feifei raus, Wu!«, brüllte Li, »du hast kein Recht, unsere Hündin einfach zu entführen.« Wei begann zu schreien: »Was hat dir unsere Feifei getan, dass du sie einfach mitnimmst?« – »Wieso?« Nun brüllte auch Wu. »Ihr habt mir doch mal angeboten, dass ich mir einen eurer Hunde ausleihen kann. Nun macht ihr solch ein Theater.« – »Rück Feifei raus, Wu!« Li drückte den »Entführer« gewaltsam zurück, um die Wohnung zu stürmen. Da brannten Wus »Sicherungen« vollends durch: Er zog ein Klappmesser, das er in der Tasche trug, hervor und stach zu. Stach immer wieder und immer wieder zu. »Hilfe, Hilfe – Mord!« Wei begann zu schreien, während ihr Mann unter den Messerstichen blutend zusammenbrach. Da stach Wu auch auf Wei ein. »Hilfe, Mörder«, schließlich röchelte sie nur noch und fiel leblos auf den Körper ihres Mannes, der bereits in einer Blutlache vor Wus Tür lag.

Inzwischen hatte Nachbarin Chen die Polizei informiert. Die Beamten stürmten das Haus, sahen die beiden Schwerverletzten oder bereits Toten vor der nun verschlossenen Tür des Apartments Nummer 502 liegen. Wu hatte sich mit der geraubten Hündin in der Wohnung verbarrikadiert. Ein Beamter des ebenfalls alarmierten Sondereinsatzkommandos seilte sich vom Dach aus ab. Es gelang ihm, durch ein Fenster in die Wohnung einzudringen und den noch immer wild um sich stechenden Wu, der die ganze Zeit über die bellende Hündin Feifei auf dem Arm balancierte, unschädlich zu machen.

Schildert diese Geschichte nun den besonders tragischen Einzelfall eines geisteskranken Hundenarren? Mitnichten. In Qingdao, jener deutschen Exkolonie, die sich anschickt, bis 2020 zur größten Hafenstadt der

Welt zu werden und daher von heftigen Bautätigkeiten und nervenzerrender Rastlosigkeit getroffen ist, überschüttete im Jahr 2013 eine Frau gemeinsam mit ihrem Freund einen ahnungslosen Reinigungsmann, den die Service-Firma ihres Apartmentkomplexes angestellt hatte, mit Spiritus und zündete ihn an – nur weil er ihr nicht sagen konnte, wo denn ihr entlaufener Liebling »Wengweng« steckte. Sie warf dem völlig Ahnungslosen kurzerhand »Hundesentführung« vor und sah ihre Tat allein dadurch gerechtfertigt, dass der Mann durch seine vergleichsweise niedere Stellung Verdacht erregte. Der Mann erlitt Verbrennungen dritten Grades am ganzen Körper.[1]

Im Falle jener, die sprichwörtlich »auf den Hund gekommen sind«, scheint eine der Hauptursachen für deren unkontrollierte Wut und körperliche Gewalt vor allem in der Vereinsamung in einer immer anonymeren Massengesellschaft zu liegen. Sicher existieren oft auch psychische Erkrankungen, die in China meist nicht oder zu spät erkannt werden. Seit 2011 leben endgültig mehr Menschen in Städten als auf dem Lande, und immer mehr wohnen in anonymen Apartment-Komplexen, wo es keine gewachsenen Nachbarschaften mehr gibt. Lange Arbeitszeiten und der Rückzug in die virtuellen Erlebniswelten von Smartphone und PC haben den Austausch zwischen Menschen, die sich nicht kennen, auf ein Minimum reduziert. In China war es ohnehin nie Sitte, Fremde besonders zu beachten oder gar zu grüßen. Was hatte man miteinander zu schaffen? Gar nichts.

Menschen, die leicht in Wut geraten, haben nach chinesischem Verständnis zu viel oder schlechtes *piqi,* also »Qi der Milz«. Im Westen hingegen ist nicht die Milz, sondern die Leber das Organ, dem schlechte Stimmungen wie Wut, Zorn oder Ärger zugeschrieben werden, weil dort der bittere Gallensaft erzeugt wird, der uns bei der Verdauung hilft. Die antike Säftelehre Galens sah in der Leber den Ort für die Entstehung von *chole,* »gelber Galle«, die uns den unangenehmen Zeitgenossen des Cholerikers beschert.[2] Wir reden uns »von der Leber«, was uns bedrückt, oder »es kommt uns die Galle hoch«, wenn Wut und Zorn nicht mehr in Schach zu halten sind.

Auch die Chinesen wussten bereits früh über die Bedeutung der inneren Organe für die psychische Konstitution des Menschen Bescheid. Wenn Wut dominant wird, dann sind in der Regel die Energiebahnen, sogenannte Meridiane zwischen den Organen des Menschen, gestört. In diesem Fall ist die Beziehung zwischen den beiden Organen Milz und Leber, die beide wichtig für die Bildung des menschlichen Blutes sind, aus dem Gleichgewicht geraten. Das gebiert *(sheng)* ein schlechtes *qi*, und der Mensch wird wütend – *shengqi*. Schlechtes *qi* der Milz führt zur Schwächung der Leber, und die Beziehung zwischen beiden kommt aus dem Tritt.

Steigender Wohlstand hat in letzter Zeit nicht nur Herz oder Blutgefäßen vieler Chinesen in Form von Arteriosklerose geschadet, er lässt auch immer häufiger die Milz vieler Zeitgenossen schlecht aussehen. Mit steigendem Wohlstand steigt auch der Stress, dem Abermillionen Menschen tagtäglich ausgesetzt sind. Und es wird schlimmer, ähnlich dem Dröhnen ewiger Baustellen, die sieben Tage pro Woche und selbst in den Nächten den Menschen keine Ruhe lassen.

Chinas 19 Momente des Zorns

»Das Qi des Zorns (怒氣沖沖)« strömt heftig aus vielen Quellen. Die Wut der *lao baixing*, der »Leute wie du und ich«, verstärkt sich in dem Maße, wie sich Land und Gesellschaft keine Ruhe gönnen und den begonnenen Fortschritt mit Riesenschritten weiter vorantreiben. Solange Deng Xiaopings klassische Worte »vom Wachstum, das ein schlagendes Argument ist«, die Menschen bis in ihre Träume hinein verfolgen, ist an erholsamen Schlaf in China nicht wirklich zu denken. Stress führt zu Wut und Wut zu Streitereien der unterschiedlichsten Art.

Der Journalist Liu Yizhong von der Internetplattform *people.cn* hat die Gründe für Chinas »Streitkultur« der Gegenwart und die besondere Heftigkeit vieler Zornesausbrüche so zusammengefasst:[3] »In dieser chinesischen Gesellschaft, die die Geschwindigkeit ihrer Entwicklung und Veränderung ununterbrochen steigert, haben sich Kämpfe um Nutzen und Chancen, die eigene Existenz zu sichern, verstärkt. Es scheint natürlich, dass sich alle möglichen Arten von Feindseligkeit, Uneinigkeit, Widerspruch und Konflikt ständig ausgeweitet und verstärkt haben.« Trotz materiellen Fortschritts und stark gestiegenen allgemeinen Wohlstands wird die Luft dünner, der Konkurrenzdruck wächst.

Chinas entfesselte Kulturrevolution des totalen Konsums und Leistungsdrucks, die das Land seit Jahrzehnten beherrscht, hat zu einem hohen Maß an Unsicherheit und vor allem Unzufriedenheit mit den herrschenden Zuständen in einer Zeit geführt, die ein Freund, der Fotograf Ma Kang, einmal treffend als »ungefestigtes Zeitalter *(bu queding shidai)*« bezeichnet hat. In diesem ungefestigten Zeitalter mit seinen vielen Zornes- und Wutausbrüchen, so Li Yizhong weiter, »sind es die besonders verheerenden Fälle, die nicht nur die chinesische Gesellschaft in ihren Grundfesten erschüttern, sondern auch die Mitglieder der Gesellschaft sich aus verschiedenen Perspektiven selbst begreifen lassen«. Die harmonische Gesellschaft, die Hu Jintao als politische Direktive mit auf seinen Weg als »höchster Führer in Partei und Staat« (2002–2012) genommen hatte, scheint vor diesem Hintergrund wie der Versuch, ein kantiges Quadrat zum Kreis zu machen.

Stattdessen wird die aufgestaute Wut im Internet abgeladen.[4] Ähnlich Jin Shengtans »33 Momenten des Glücks« aus dem 17. Jahrhundert habe ich dort »19 chinesische Momente des Zorns« ausgemacht, die eine Art Stimmungsbild Chinas in unserer Zeit wiedergeben:

1. *Die Preise steigen ins Unerträgliche und die Löhne nicht – ist das nicht Grund genug, um wütend zu werden?*

2. *Wenn die Reichtumsschere zwischen Privilegierten und einfachen Leuten immer weiter auseinanderklafft – ist das nicht Grund genug, um wütend zu werden?*

3. *Wenn alle gemäß der verdammten Deng-Xiaoping-Theorie Katzen und nicht mehr Mäuse sein und nur noch Mäuse fressen wollen – ist das nicht Grund genug, um wütend zu werden?*

4. *Es gibt zu viele Ungerechtigkeiten, im Bauch grollt es unentwegt, und die Flammen schlagen meterhoch in die Luft – ist das nicht Grund genug, um noch wütender zu werden?*

5. *Franzosen dürfen auf die Straße gehen, um ihren Unmut loszuwerden, Chinesen trauen sich das nicht – ist das nicht Grund genug, um wütend zu werden?*

6. *Wenn der Druck zu groß wird – ist das nicht Grund genug, um wütend zu werden?*

7. *Wir leben in einer Gesellschaft, die nur den Mammon über alles stellt und dabei Menschen zu wilden Tieren verkommen lässt. Wenn alle nur nach dem Gelde schauen und dabei vergessen, was ein Mensch sonst*

noch kann – ist das nicht Grund genug, um wütend zu werden?

8. Wenn sich die Beziehungen zwischen den Menschen immer weiter verschlechtern und sich der Zustand der Gesellschaft damit auch immer weiter verschlechtert – ist das nicht Grund genug, um wütend zu werden?

9. Wenn die Chinesen in dieser ungerechten Gesellschaft keinen Zorn hätten, dann wären die Herzen der Chinesen längst schon tot – ist das nicht Grund genug, um wütend zu werden?

10. Du zerschlägst meine Reisschale, reißt mir einfach das Haus ab – ist das nicht Grund genug für mich, um wütend zu werden?

11. Wenn in 30 Jahren – oder früher – irgendwelche Verbrecher in deine Wohnung stürmen könnten und mir nichts, dir nichts das Schriftzeichen für »Abriss« auf deine gerade neu gestrichene Wand kleistern – ist das dann vielleicht kein Grund für dich, wütend zu werden?

12. Wenn in unserem Wohnviertel jahrelang eine Firma die Stromkosten mit uns abrechnete, jetzt aber, im Zuge der Verstädterung, die Stadt das Sagen hat und dabei gleich die Gelegenheit nutzt, an uns einfachen Leuten zu verdienen, indem sie pro Stromzähler gleich noch mal bei allen 550 Yuan abkassiert – na, ist das kein Grund, wütend zu werden?

13. Wenn wir Kredite aufnehmen, die unser Einkommen verschlingen für Wohnungen, die wir eigentlich nicht

bezahlen können, und diese Wohnungen am Ende uns noch nicht einmal gehören, weil der Boden, auf dem sie stehen, uns nicht gehört – ist das kein Grund, wütend zu werden?

14. Viele von uns glauben, dass sie mit 60 Rente beziehen werden – aber vom Himmel fällt kein Geld. Die Alten heute werden von dem versorgt, was wir verdienen. Heute können noch fünf von uns einen alten Menschen unterstützen, wenn zwei von uns dann so alt geworden sind, ist nur noch einer aus der nächsten Generation für uns da! Woher kommt das Geld? Es wird keines kommen – und das ist wirklich ein Grund, wütend zu werden!

15. In der »unsicheren Zeit« heute streben viele nach Sicherheit. Eltern nehmen Geld in die Hand, suchen Verwandte auf, nutzen Beziehungen, um sichere Jobs in staatlichen Institutionen für ihre Kinder zu finden. Ein Bekannter von mir hat einen entfernten Verwandten mit Beziehungen zur Polizei. Zusätzlich investierte er 70 000 Yuan (ca. 10 500 EUR), um den Sohn auf Vertragsbasis bei der Verkehrspolizei unterzubringen. Der Lohn dafür dort beträgt 800 Yuan monatlich (ca. 125 EUR), und nach drei Jahren kommt die Kündigung. Sie brauchten den Jungen nicht mehr. Ist das kein Grund, wütend zu werden?

16. Einmal traf ich eine junge Frau in der Pekinger U-Bahn. Sie erzählte mir, dass sie unbedingt ein Auto kaufen wolle. Ich fragte sie: »Wozu eigentlich? Die U-Bahn ist schnell, praktisch und preiswert, ein Auto verursacht

nur hohe Kosten.« Sie antwortete: »Stimmt, aber ich ärgere mich jedes Mal, wenn ich zum Carrefour-Supermarkt fahre und dort meine Lieblingsnudeln kaufe, dass ich lange in der Schlange warten muss, bis ich ein Taxi bekomme. Da ist es doch besser, ein eigenes Auto zu haben.« Das stelle sich einer mal vor! Da kauft eine ein Auto, um Instantnudeln einzukaufen. So viel Dummheit ist ein echter Grund, verdammt wütend zu werden!

17. Drei Jahre lang täglich Überstunden gemacht – um ein Auto zu kaufen. Nachdem ich es angeschafft hatte, stehe ich täglich im Stau, und Parkplätze finde ich auch keine – sind das nicht gute Gründe, um wütend zu werden?

18. Wir stecken alles in unsere Kinder, damit diese auf eine gute Uni gehen, um viel zu lernen und später einen guten Job zu bekommen. Einmal kamen die Besten unter ihnen – bereits Masterstudenten – zu mir für ein Praktikum. Ich gab ihnen ein paar simple Aufgaben wie das Erstellen einer Abrechnung – sie waren unfähig, diese zu lösen. Ich fragte sie, was sie denn nach dem Studium machen wollten, wenn sie selbst einfachste Dinge nicht auf die Reihe bekämen. »Wozu?«, fragten sie zurück. »Unsere Prüfungsnoten sind top, wir ma-chen noch unsere Doktortitel und werden Lehrer an der Uni.« Das also sind die künftigen Lehrer eurer Kinder – ist das kein Grund, wütend zu werden?

19. Wir sparen ein Leben lang, damit unsere Kinder auf die Uni gehen können – dann sind sie dort, schwänzen

den Unterricht, werden in Schlägereien hineingezogen und begehen manchmal sogar Selbstmord. Sind das keine Gründe, um nicht nur wütend zu werden, sondern sogar zu verzweifeln?

Die Gründe der Wut lassen sich auf folgende Hauptfaktoren zurückführen:

- Das Primat des Geldes in einer Gesellschaft, die sich seit Anbeginn ihrer Geschichte »Geldgötter« als besondere Schutz- und Segensbringer auserkoren hat[5], wird als Belastung und Quelle für den Verlust von Menschlichkeit empfunden. Daraus ergibt sich das Problem der »Armutsschere«. Chinas Gini-Koeffizient, der statistische Messwert für soziale Ungleichheit, erreicht mit 47,3 in dem sozialistischen Staat einen Wert, der schlechter ist als in den »kapitalistischen« USA.[6]
- Die Belastung durch kaum noch bezahlbaren Wohnraum: In den Zentren wie Peking und Shanghai liegen die Preise oft weit über deutschem Niveau bei deutlich geringerem Einkommen.[7] Wohnungskauf erzeugt Stress, ist Grund für soziale Spannungen und Dauerthema im Leben eines chinesischen Durchschnittsbürgers.
- Mangelnde persönliche Freiheiten und Rechte.
- Die Unsicherheit der Zukunft für die eigenen Kinder, die selbst mit Universitätsabschluss kaum attraktive Anstellungen finden.

- Die neue »Autogesellschaft«, die Menschen zunehmend nicht mehr mobil, sondern immobil macht und zu weiteren Kosten- und Stressbelastungen führt.
- Die zu geringe Qualität der Bildung für die Anforderungen der Gegenwartsgesellschaft. Chinesen sehen traditionell in der Bildung die einzige Chance für wirklichen sozialen Aufstieg, was damit zusammenhängt, dass Karrieren früher nur über sogenannte Beamtenprüfungen möglich waren.

TRAUER

Die toten Kinder von Wenchuan

12.05.2008, 14.28 Uhr – Chengdu, Hauptstadt der Provinz Sichuan. Auf dem Weg zur Toilette – noch etwas schlaftrunken – beginnt plötzlich das Parkett unter meinen Füßen heftig zu vibrieren. Fensterscheiben und Glastüren des Bücherschranks klirren laut: »Erdbeben! Erdbeben!«, laut rufe ich nach meinem Mann. Mit Mühe stützen wir uns gegenseitig, versuchen zu stehen. Doch das Schwanken wird heftiger. Erste Möbelstücke beginnen durch den Raum zu wandern, kommen bedrohlich auf uns zu. Bücher fallen aus dem Schrank und mit lautem Knall auf den Boden. Ein seltsames Sirren liegt in der Luft. Als Fernseher und Stereoanlage umzukippen drohen, kriechen wir auf dem Boden unter den Esstisch, kauern uns darunter.

Alles dauert vier oder fünf Minuten, dann ist es still, absolut still. Der Spuk vergeht so schnell, wie er gekommen ist. Wir stürzen aus der Wohnung, die Treppe hinunter. Draußen zwischen den Wohnblöcken hat sich schon eine Menschenmenge versammelt. Die meisten sind nur notdürftig bekleidet, wir blicken in Gesichter, die genauso ratlos und bleich dreinschauen wie unsere eigenen. Die Menschen diskutieren wild durcheinander …[1]

12.05.2008, 14.38 Uhr – Chengdu, Hauptstadt der Provinz Sichuan. Irgendetwas hat mich geweckt. Ich wälze mich noch einmal schlaftrunken auf die andere Seite, doch bald darauf bin ich hellwach. Wie immer, wenn ich meinen Mittagsschlaf beende, greife ich sofort nach meinem Handy, um zu schauen, was zwischenzeitlich Neues passiert ist. Meist haben Freunde eine oder zwei belanglose SMS-Nachrichten gesendet, um mir zu erzählen, wie schlecht die Fortsetzung der neuesten koreanischen Soap im Fernsehen war oder um mich zum gemeinsamen Abendessen einzuladen. Doch diesmal ist es anders. Der Posteingang meines Handys quillt fast über vor SMS-Nachrichten. Viele sind mit dicken Ausrufezeichen gespickt. Ich brauche nur kurz hinzusehen, um zu wissen, was passiert ist. Ein Erdbeben, ein großes Erdbeben! Das soll mich also geweckt haben? Das kann ja wohl nur ein Scherz gewesen sein, denke ich. Doch auch die anderen Nachrichten schreien alle nur das eine Wort heraus: Erdbeben! Wie zur Bestätigung zittert plötzlich das ganze Gebäude. Panik ergreift mich, so wie die anderen Mitbewohner meines Wohnheims. Wir alle stürzen nach draußen, eilen die Treppenaufgänge hinunter. Dort stehen bereits Hunderte. Alle reden durcheinander. Keiner hat eine Antwort. Nach Sekunden ist wieder alles ruhig, als wäre nie etwas gewesen. Aber was, wenn die Erde erneut bebt, wenn sie dann schlimmer bebt, wenn … Ich wage es nicht zu denken, stehe draußen mit Hunderten anderer, die nichts tun, außer draußen zu stehen und zu warten, ratlos.[2]

12.05.2008, ungefähr zur gleichen Zeit, Kreis Wenchuan. Die Zeit vergeht. Die Schüler werden langsam unruhig. Immer wieder versuchen Einzelne, den Sportplatz zu verlassen, wieder zurück in das Schulhaus zu gehen. Meine Kollegen laufen ihnen nach, schelten die Kinder aus, hindern sie daran, weiter in das Gebäude hineinzugehen. Noch steht das Haus, aber wer weiß, wie lange noch? Die obere Etage neigt sich bereits beängstigend nach vorn, als wolle sie jederzeit einer unsichtbaren Faust nachgeben. Wir alle warten ängstlich auf den nächsten Erdstoß. Um zwanzig nach vier endlich die ersten Eltern. Sie kommen wie jeden Tag, um ihre Kinder abzuholen. Ich bin zunächst froh, dass sie kommen.

Unter unseren Schülern höre ich nur ab und an ein Schluchzen, aber die Eltern brechen oft in lautes Wehklagen aus, wenn sie ihre Kinder in den Arm nehmen. Viele tun das heute – und nie zuvor habe ich so viele Chinesen andere Chinesen umarmen sehen, denn Körperkontakt zwischen Eltern und Kindern wird sehr selten, sobald sie zu Jugendlichen werden.

Die Eltern erzählen aufgewühlt, was passiert ist: »Die Häuser unseres Dorfes sind alle zusammengestürzt. Wir dachten, auch ihr läget unter den Trümmern eures Schulhauses«, ruft eine Mutter laut schluchzend, als sie ihren fünfzehnjährigen Sohn umarmt. Ein Vater zu einer Kollegin: »Aus der Xiang-E-Mittelschule sind nur wenige herausgekommen. Die meisten liegen unter Trümmern begraben. So auch die Kinder unseres Nachbarn. Sie sind tot, alle tot.« Weinend bricht der Vater zusammen, die Kollegin hält seinen Arm, versucht ihn aufzurichten. Neben mir kniet eine Mutter vor ihrem stumm dastehenden Sohn, streichelt immer wieder sein Gesicht und sagt: »Die Quyuan-Schule ist komplett zusammengestürzt. Wie gut nur, dass deine kleine Schwester letztes Jahr nicht auf diese Schule gegangen ist.« Ich gehe weiter, warum, weiß ich nicht, gehe vorbei an mehr Eltern, die alle ihre Kinder an den Händen gefasst haben oder sie umarmen. Eine Frau aus dem Nachbardorf, deren Sohn in die neunte Klasse geht, stößt mit erstickter Stimme hervor: »Unser Haus ist zusammengebrochen. Deine Oma liegt darunter begraben, aber dein Vater wollte unbedingt, dass ich herkomme und schaue, wie es dir geht.«

Mehr und mehr Eltern strömen herbei, von überall her, aus allen Richtungen kommen sie, um ihre Kinder zu suchen. Jeder von ihnen bringt eine neue Schreckensbotschaft mit. Eine jede lässt mir das Herz stillstehen. Die Tränen fließen, ich kann sie nicht zurückhalten. Der Sportplatz wird zu einer riesigen Trauerstätte, zu einem Meer von Tränen, und zu den Tränen, die die Eltern von zu Hause mitbringen, mischen sich nun auch die Tränen der Kinder, die begreifen, dass etwas außergewöhnlich Furchtbares geschehen ist.[3]

12.05.2008, Kreis Wenchuan, nach Einbruch der Dämmerung. Wir haben es geschafft. Das Zelt steht. Kurz bevor der große Regen eingesetzt hat. Ich zähle durch. Es sind 28. Mit mir dann 29. 29 Menschen ohne ein Zuhause in einem 10 Quadratmeter großen Zelt.

Es ist dunkel geworden, und wir sitzen in diesem Zelt, denken an etwas, tief im Herzen verborgen. Ziyan, eine Schülerin, kauert in einer Zeltecke und weint. Ziyan war immer privilegiert. Jeden Tag holte ihr Vater sie mit dem Auto von der Schule ab, jeden Tag pünktlich zur gleichen Zeit. Aber heute ist er nicht gekommen. Ziyan drückt immer wieder die Tasten ihres Handys, immer dieselbe Nummer. Der Anruf geht ins Leere, niemand antwortet. Ich rufe zwei Freundinnen von Ziyan herbei, sage: »Wir müssen uns gut um Ziyan kümmern. Ihr Vater ist einer der wichtigen Leute unseres Elektrizitätswerks. Sicher ist er nicht gekommen, weil etwas Außergewöhnliches passiert ist – oder er muss sich einfach um die vielen Mitarbeiter dort kümmern.«

Immerhin: Ziyan und die anderen Schüler in meinem Zelt leben. Ob alle bereits aus dem zerstörten Schulgebäude rausgekommen sind, weiß ich nicht. Hinein, um mit den anderen zu suchen, kann ich auch nicht, denn ich muss hier bei meinen Schülern sein.

Die Ersten werden hungrig. Ich hole die Kekse, die ich am Nachmittag gekauft habe (was für ein Glück!) hervor, verteile den Inhalt unter den Schülern. Sechs müssen mit einer Packung auskommen, dazu eine Flasche Mineralwasser für die Gruppe. Manche murren – doch dann schweigen sie, als sie meinen strengen Blick wahrnehmen.

Um zehn Uhr lässt der Regen etwas nach. Einige Kollegen kommen. Sie sagen, dass sich alle in einer Reihe aufstellen sollen. Es gebe zu essen. Die eben noch stumpf vor sich hin starrenden Schüler werden lebendig, doch viel ist es nicht, was wir ihnen bieten können: ein kleines Klümpchen Reis und etwas eingelegtes Gemüse. Mich erinnert das an meine Kindheit Anfang der 70er Jahre, am Ende der Kulturrevolution. Doch unsere an Wohlstand gewöhnten Kinder sind geschockt: »Wie soll ich das essen?« – »Nur so ein bisschen – davon wird man doch nicht satt!« – »Morgen früh gibt es doch sicher mehr, oder?« Da mischt sich eine laute Stimme aus der Dunkelheit unter die enttäuschten Schülerworte: »Es gibt etwas zu essen – und das ist nicht schlecht. Seid dankbar!«

Nach dem Essen verfallen alle wieder in grübelndes Schweigen, immerhin sinken einige an die Seite ihrer Nachbarn, die Augen fallen ihnen zu. Draußen vor den Zelten werden Hölzer und andere brennbare Dinge angezündet. Es wird noch immer in den Trümmern gesucht. Ich seufze. Trauer, die ich bisher kaum kannte, lastet auf meinem Herzen. Wie aus dem Nichts kommt mir plötzlich ein altes Gedicht in den Sinn: »Das Freudenmädchen kennt das Leid des Landes – und sie kann doch nur leichte Lieder singen!« Das Bild passt sicher gar nicht zu dem dunklen Schrecken, der gegenwärtig ist, aber ich kann nicht anders. Das Gedicht spiegelt genau meine Ohnmacht, spiegelt mich selbst wider.

Ich halte es im Zelt nicht mehr aus, versuche erneut die Nummern anzurufen, die ich während der letzten Stunden ununterbrochen gewählt habe. Aber es bleibt gleich: Keine Verbindung! Nach vielen Versuchen geht endlich eine SMS nach draußen. Doch sie verliert sich in der Dunkelheit. Keine Antwort, keine einzige kurze Antwort! Wieder die Tränen.

»Mama Lei, du sorgst dich um deinen Sohn, nicht wahr? Ihm wird nichts passiert sein. Seine Lehrer werden sich genauso um ihn kümmern wie unsere Lehrer sich um uns, wie du dich um uns kümmerst.«

Meine Tränen fließen weiter, ich nicke der Mädchenstimme aus der Dunkelheit zu. Ich habe vergessen, wann welcher Schüler damit angefangen hat, mich einfach »Mama Lei« zu nennen statt »Lehrerin Lei«, wie es sich gehört. Anfangs habe ich mich dagegen gewehrt, doch nun nennen mich alle nur noch Mama Lei. Ich habe mich daran gewöhnt.

Meine Gedanken kreisen um die Familie. Die Familie ist doch alles. Die Eltern sind alt. Was haben sie gemacht während der Erdstöße? Sind sie in Sicherheit? Die Kleine meiner jüngeren Schwester geht nun in die siebte Klasse. Meine Schwester ist Leiterin ihrer Grundschule, auch Lehrerin. Sie ist bestimmt mit den Schülern ihrer eigenen Schule sehr beschäftigt und hat keine Zeit, ihr Kind abzuholen. Mein Schwager ist zu weit entfernt, in der Provinz Kanton, beim Militär. Sicher wird meine Nichte Angst haben allein – sie ist so schüchtern.

Und mein Sohn, mein einziger Sohn! Sein Vater ist an der Uni. So wie ich ihn kenne, denkt er gerade bestimmt nicht an seinen Sohn, sondern ist voll und ganz beschäftigt mit dem, was an seiner Uni passiert, mit den Studenten. Bestimmt haben die anderen Eltern schon längst ihre Kinder abgeholt. Kommt es unserem Sohn jetzt nicht so vor, als wollten wir ihn nicht mehr? »Mein Sohn, bitte verzeih, aber wir sind nicht so egoistisch. Es sind nur so viele andere Kinder hier, die uns jetzt brauchen, gerade jetzt«, murmele ich hinaus in die Dunkelheit der Nacht.[4]

Mindestens 5335 Kinder und Jugendliche starben unter den Trümmern unsolide gebauter Schulhäuser. Ai Weiwei, Chinas bekannter Aktionskünstler und Dauerprovokateur, hat in seiner »Bürgerlichen Untersuchung« der Todesfälle unter Schülern knapp ein Jahr später eine ähnliche Zahl ermittelt. Kurz darauf bestätigte Chinas Regierung mit dieser Zahl die Ergebnisse des Ai-Weiwei-Projekts.[5]

Fast 88 000 Tote forderte die Katastrophe insgesamt.[6] Über vier Millionen zerstörte Häuser.[7] Bei keinem bekannten Erdbeben fielen so viele Bauwerke in sich zusammen wie in Sichuan. Zynisch klingt, dass sich Chinas Reichtum seit Beginn der Modernisierung Ende der 1970er Jahre gerade auf die Immobilienbranche stützt. In keinem anderen Wirtschaftssektor wurde mehr Geld generiert. In Sichuan wurden die schlecht gebauten Immobilien der Wachstumsjahre zu Gräbern. Nicht allein die Gewalt der Natur, sondern Gier und Nachlässigkeit der Menschen verschuldeten die Opfer von Wenchuan. Diese Tatsache allerdings allein der Regierung vorzuwerfen greift zu kurz, denn vom Virus des schnellen und oft unbedachten Wachstums sind in China weit mehr Menschen infiziert als nur Regierungsmitglieder. Nicht wenige Ausländer gehören dazu.

Mit den »Immobilientoten« der Erdbebenkatastrophe setzte sich fort, was die Geschichte der Volksrepublik China neben all den positiven Entwicklungen des chinesischen Lebensstandards begleitet: eine Geschichte der Opfer. Die dunkle Seite des »Neuen Chinas« ist nicht zu übersehen: Unter Mao Zedong, in der Zeit zwischen 1949 und 1976, verloren möglicherweise »über 70 Millionen« Menschen »in Friedenszeiten« ihr Leben, wie Jung Chang und Jon Halliday berichten.[8] Zunächst war es die Hungerkatastrophe des »Großen Sprungs nach vorn« zwischen 1958 und 1960, dann folgte die »Große Proletarische Kulturrevolution« von 1966 bis 1976, und schließlich forderte ein weiteres Erdbeben, jenes von Tangshan vom 28. Juli 1976, wenige Wochen vor Maos Tod, viele Opfer. Mindestens 255 000 Menschen verloren ihr Leben, möglicherweise deutlich mehr. 2008 folgte dann, schon nahe unserer Gegenwart, das große

Beben von Wenchuan. Nicht mehr die politischen Kampagnen und volkswirtschaftlichen Fehlentscheidungen der Mao-Zeit, sondern kompromisslose Bauwut und unbedachter Fortschrittsglaube verstärkten die fatale Wirkung dieser zweiten großen Erdbebenkatastrophe. »In Friedenszeiten«, betonen Chang und Halliday, hat das chinesische Volk so viele Opfer zu betrauern wie kein anderes der Welt. In der jungen Geschichte der Volksrepublik China hat die Zahl der Toten, die politischen Entscheidungen und Naturkatastrophen zum Opfer fielen, die des Zweiten Weltkriegs deutlich überschritten.

Yu Hua hat mit seinem Buch *China in zehn Wörtern* eine persönlich geprägte Geschichte des Schmerzes geschrieben: »Chinas Schmerzen sind die meinen – wenn ich über Chinas Schmerzen schreibe, so bemerke auch ich meinen Schmerz.«[9] Wenchuan ist eine weitere Episode in dieser Geschichte.

So viel durchlittener Schmerz müsste China zu einer traurigen Nation machen. Vielleicht sogar zur traurigsten Nation unseres Planeten. Einem alten Glauben folgend, der davon ausgeht, dass die Seelen der Verstorbenen sieben Tage nach ihrem Tod auf die Erde zurückkommen und dann wieder zurück ins Jenseits geleitet werden müssen, verhängte die Regierung vom 19. bis 21. Mai 2008 Staatstrauer. Doch viele Menschen empfanden diesen Akt nur als Ritual ohne jede tiefere Bedeutung für sie selbst. Wer sich nur einige der chinesischen Internet-Kommentare und Blogeinträge zum

Thema »Wenchuan 2008« anschaut, erhält schon vom Tag der Katastrophe an nicht den Eindruck in sich gekehrten Trauerns:

»Überall im Netz nur ein Bild. Das Foto eines alten Mannes, unseres Ministerpräsidenten, unseres Verwandten. Er eilte als einer der Ersten nach Sichuan in seiner Rolle als Ministerpräsident, als Verwandter zeigte er so viel Mitgefühl, weinte mit den Menschen«, so schrieb derselbe Blogger, den die Erdstöße in Chengdu aus dem Mittagsschlaf gerissen hatten. Und er steigerte sich noch: »Und da waren sie. Mit Fallschirmen sprangen sie auf die Erde von Wenchuan. Unsere lieben und geschätzten Volkssoldaten. Vereint schauten sie immer der größten Gefahr direkt ins Antlitz.« Was wie ein Propagandatext aus längst vergangenen Wochenschau-Zeiten eines großdeutschen Reiches klingt, sind die nicht ironisch gemeinten Worte eines jungen chinesischen Bloggers, der sich sonst nicht ganz ernst »Silly Bubblefish« nennt. Und der »Bubblefish« war kein Einzelfall. Wenchuan löste nationale Emotionen aus wie kein Ereignis der jüngeren chinesischen Geschichte. Die Internetgemeinde pries die Armee und mit ihr gleich ihren Gründervater Mao Zedong.[10] Die Partei erreichte durch die Katastrophe eine Zustimmung zu ihren Handlungen wie selten zuvor und nicht wieder danach. Stolz beherrschte Chinas Gefühlswelt anstelle von Trauer. »Silly Bubblefish« bringt es auf den Punkt: »Von Jahresbeginn an bis jetzt« – Wenchuan ging im Januar 2008 der strengste Winter voraus, den Südchina in jüngerer Zeit erlebt hatte – »fühle ich mich tief bewegt, wie in all den Jahren zuvor nicht!«[11] Wenchuan wirkte auf viele wie eine bitter schmeckende Droge, die eine träge gewordene Gesellschaft von Konsumenten mit tiefen Gefühlen für ihr Land füllte und dann zur Hyperaktivität antrieb: 113 000 Soldaten und Angehörige der bewaffneten Polizei wurden in kürzester Zeit vor Ort eingesetzt, bis Juli 2008 strömten über 100 000 Freiwillige und Vertreter von Nichtregierungsorganisationen (NGOs) in die Region. Viele konnten gar nicht eingesetzt werden, weil sie fachlich nicht für die Hilfe qualifiziert waren. »Ein Herz für China«-T-Shirts symbolisierten überall nationale Gefühlseinigkeit – und einmal mehr wurde deutlich, welche Kraft Gefühle bei der Entstehung von chinesischem Aktionismus haben. Stolz bewegte die Menschen. Besonders faszinierte der Mut der kleinen Helden von Sichuan:[12]

Die Dreizehnjährige von der Holzfisch-Mittelschule im Kreis Qingchuan, die erst ihre Mitschüler aus dem Mittagsschlaf weckte, damit diese sich in Sicherheit brachten, und dabei selbst 50 Stunden lang verschüttet blieb und ein Bein verlor.

Der Fünfzehnjährige aus Pengzhou nahe der Provinzhauptstadt Chengdu, der sieben Mitschülern das Leben rettete, indem er zweimal in das einsturzgefährdete Schulgebäude zurücklief, bevor dieses in sich zusammenfiel.

Der Zehnjährige aus der Gemeinde Yingxiu, Kreis Wenchuan, der mit ausgerenkter Schulter zwei Mitschülerinnen unter Betonbrocken hervorzog, nachdem seine Schule bereits in sich zusammengestürzt war.

Nicht nur die politische Elite in Gestalt des damaligen Ministerpräsidenten Wen Jiabao zeigte, dass Chinas geliebter Mythos von der »einen Familie«, welche Chinas gesamte Nation sein soll, in Zeiten großer Trauer real werden kann und sich dann in bewegten Aktionen zeigt. Auch die wirtschaftliche Elite nutzte ihre Potenziale aus beeindruckenden Mengen beweglichen Geldes: Chen Guangbiao, Unternehmer aus Jiangsu, zog »mit einer Flotte von 60 Kränen und Lastwagen innerhalb von 36 Stunden«[13] in die Gegend von Wenchuan. Er rettete, standesgemäß in Tarnuniform der Volksbefreiungsarmee gekleidet, eigenhändig Menschen aus den Trümmern ihrer Häuser und übergab ihnen demonstrativ 100-Yuan-Banknoten. Gern ließ er sich dann im heimischen Nanjing vor einer Wand aus roten Banknoten fotografieren. Sein Beitrag zum Wohle und zur Rettung der »Großfamilie China« sollte der Öffentlichkeit nicht verborgen bleiben.

Chen, der Dollar-Multimillionär, ist bekannt für spektakuläre Aktionen. Unter anderem flog er 2011 nach Taiwan, um zu demonstrieren, dass auch das »arme« Festland das »reiche« Taiwan unterstützen kann, indem es Geldmittel an die ärmeren Schichten der Inselchinesen verteilt, und auch nach Japan, um den von Fukushima hart getroffenen »Teufeln«, wie Chinesen Japaner umgangssprachlich oft noch bezeichnen, ebenfalls mit Geldmitteln zu helfen. Viele Reiche, Schöne und Prominente folgten Chen Guangbiao nach Sichuan, spendeten oder legten selbst Hand an, um betroffenen Landsleuten zu helfen.

Solch lautem und manchmal spektakulärem Optimismus in China zur Bewältigung der Katastrophe von 2008 stand knapp drei Jahre später in Japan eher eine stille Disziplin des Weiterlebens entgegen. Tsunami und Erdbeben forderten über 20000 Tote und dazu noch die Beschädigung des Atomkraftwerks von Fukushima, was weltweit weit mehr Aufmerksamkeit erregte als die Wenchuan-Katastrophe und der Tsunami selbst.

Was China und Japan verbindet, ist nicht nur das Leid beider Katastrophen, sondern ein heftiges Bekenntnis zum Leben, das die Menschen schnell weg vom traurigen Ereignis in die Zukunft treibt. Trauerarbeit und langes Erinnern sind Ostasien eher fremd und funktionieren nur, wenn Demütigung erfolgt und Trauer gepaart mit Hass zum vorherrschenden Gefühl wird. Doch da sind wir bereits mitten in einer anderen Geschichte, die noch zu erzählen ist.

Der Verlust der Trauer

Als ich meinen Sohn bat, doch einmal aufzuzeichnen, wie er sich einen trauernden Chinesen vorstellt, zeichnete er einen Menschen, um dessen Gesicht viele Fragezeichen kreisten. Ich fragte ihn, was das bedeutete. Er antwortete nur: »Ich glaube, Chinesen wissen nicht, was Trauer ist.« Dieser Satz überraschte, ja schockierte mich ein wenig. Ich hatte gerade diese vielen Blogeinträge über Wenchuan gelesen und war dabei, das Material zu sortieren, da erzählte mir mein Sohn, dass Chinesen nicht wüssten, was Trauer sei. Natürlich könnte ich aus väterlichem Überlegenheitsgefühl heraus diese Meinung einfach als Unwissenheit eines Fünfzehnjährigen abtun, aber der Junge kennt China. 1999 in Shanghai geboren, ist er bisher hier zu Hause gewesen und zudem ein genauer Beobachter seiner Umwelt. Ich begann über seine Fragezeichen nachzudenken:

Bis zum Beginn des 20. Jahrhunderts war China in sich selbst und seinen Traditionen gefangen. Dazu gehörte der Konfuzianismus und zu diesem die sogenannten fünf Beziehungen: zwischen Vater und Sohn, Frau und Mann, Bruder und Bruder, Herrscher und Untertan sowie zwischen Freunden. Dabei ist die Reihenfolge wichtig, denn die entscheidende Beziehung im alten China war die Verpflichtung der Jüngeren gegenüber den Älteren. Sie waren durch ein Prinzip untrennbar miteinander verwoben, das gern mit Kindespietät übersetzt wird und auf Chinesisch *xiao* heißt. *Xiao* ist unbedingt, unmittelbar und unauflöslich. Der Sohn hat dem Vater Respekt zu zollen, die ältere Generation verdient unbedingten Gehorsam. Ähnlich stark war auch die zweite Beziehung, die der tugendhaften Frau Treue zu ihrem Gatten bis zwei Jahre über dessen Tod hinaus vorschrieb. Wer niemals wieder neu heiratete nach dem Hinscheiden des Mannes, bekam dafür zum Lohn einen »Ehrenbogen« *(paifang)* gesetzt, der bei angesehenen Familien vom Kaiser persönlich per Dekret feierlich zur Errichtung befohlen wurde. Diese Bögen standen in Wohngebieten, nahe dem Anwesen der Geehrten oder in besonders beispielhaften Fällen weit sichtbar vor den Toren der Stadt. Der älteste Sohn und seine Mutter waren weit über den Tod hinaus dem strengen Ahnen verpflichtet, dessen irdischer Leib zwar längst zu Staub geworden, der aber im erdnahen chinesischen Jenseits stets zugegen war. Sein Ahnenaltar, die Tafel in der Ahnenhalle – sie alle mahnten Frau und männliche Nachkommen an seine starke Präsenz. Wenn jemand ein hohes Ansehen hatte, einen wichtigen Beamtenrang oder Ähnliches, musste ein aufwendiges Begräbnis inszeniert werden. Koste es, was es wolle. Familien konnten durch den Tod eines hochrangigen Familienvorstands in hohe Schulden geraten – nur vergleichbar mit dem Kauf einer Wohnung für den Nachwuchs heute. Daran lässt sich bereits gut ablesen, wie sehr der Blickwinkel der Gesellschaft sich vom Vergangenen zum Zukünftigen hin verschoben hat.

Landkreis Hancheng, Provinz Shaanxi, Anfang der 1990er Jahre. Lange bevor wir über die Schwelle traten, hörten wir schon die Wehklagen. Sie kamen in Wellen, begannen dumpf und eher tief, steigerten sich dann immer mehr in Lautstärke und Tonhöhe, um dann wieder abzuebben. Ich vernahm überwiegend Frauenstimmen. »Klageweiber«, dachte ich, Frauen, die das professionell zu machen scheinen, wie in vielen Kulturen Asiens. Wir erreichten das alte Hofhaus, das etwas versteckt zwischen Granatapfelbaum-Plantagen lag. Die Moderne, die begonnen hatte, die Städte von Grund auf zu verändern, hatte diesen Ort ganz offensichtlich noch nicht gestreift. Alles hier schien so zu sein wie noch vor hundert oder mehr Jahren. Das Hofhaus hatte einen Haupteingang, über dem ein Streifen aus weißem Leinen hing. Rechts des Eingangs stand ein großer Gong. »Der Großvater ist verstorben«, sagte Li Shimin, mein neuer Bekannter, der uns mitgenommen hatte. Ein Gong zur Rechten zeigte an, dass der Tote männlich ist, linkerhand hätte er beim Tod der Frau gestanden. Mein Gefühl sagte mir, dass Außenstehende in diesem Haus der Trauer nicht erwünscht waren. Ob es wirklich in Ordnung sei, dass ich ihn begleite, fragte ich Shimin nochmals. »Kein Problem«, bestätigte er mir erneut, »ich bin selbst nur ein Freund der Familie. Wir verbeugen uns vor dem Toten, geben unser ›Totengeld‹ ab und verschwinden dann wieder. Mach dir keine Gedanken.«

Also gut – ich versuchte es. Zurück konnte ich nun eh nicht mehr. Wir traten in das Halbdunkel des

Raums. Ein muffiger Geruch beherrschte das Zimmer, gemischt mit dem Duft nach Räucherstäbchen. In der Mitte stand der offene Sarg. Der Verblichene schaute uns nicht an. Sein Kopf war in Richtung des Innenhofs gerichtet. Neben dem Toten sahen wir die Rücken eines Mannes und einer alten Frau. Beide blickten ebenfalls ›nach innen‹. »Rechts sitzt die Frau des Toten, links der älteste Sohn«, sagte Shimin. »Sie müssen eigentlich Tag und Nacht am Sarg wachen.« Ich konnte erkennen, dass beide als Einzige im Hause Schwarz trugen, die Farbe der tiefsten Trauer. Jüngere Männer und Frauen trugen blaue Kleidung, die Kinder eine Art Hellblau. Die Farbe symbolisierte die jeweilige Generation und damit verbunden die Tiefe der Trauer, die jeder zu zeigen hatte. Alle »Außenstehenden«, die dem Toten Ehre erwiesen, trugen Weiß, genau wie wir, die allgemeine Trauerfarbe Chinas.

Zu Füßen des Toten stieg unentwegt der Rauch zahlloser Räucherstäbchen auf, und eine große weiße Kerze spendete schummriges Licht. Der Leichnam war bereits einige Tage aufgebahrt worden. Das schrieb der Totenbrauch vor. Früher musste der Verstorbene sogar 49 Tage lang im Haus bleiben. »Zum Glück ist das heute meist kürzer«, flüsterte Li mir zu, »der Geruch muss damals unerträglich gewesen sein.« Außer uns waren noch andere Trauergäste anwesend, einige heulten und jammerten, alle lagen auf den Knien zu Füßen des Toten. In respektvollem Abstand näherten wir uns der Fußseite des Sarges. Fielen ebenfalls auf die Knie, verbeugten uns tief vor dem Toten, den ich nun deutlich erkennen konnte. Die Haut war längst wächsern geworden, der Mann mochte schon um die 80 gewesen sein, und er trug seine beste Kleidung, einen »Sun-Yat-sen-Anzug« in Dunkelblau. Sun-Yat-sen-Anzüge waren benannt nach dem ersten Präsidenten der chinesischen Republik, der 1911 den Kaiser vom Drachenthron stürzte und im Kontrast zu den aufwendigen Roben der alten Mandarine demonstrativ einfache, sachliche Anzüge trug. Dazu gehörten – ebenfalls dem Vorbild des 1925 verstorbenen Präsidenten entsprechend – schwarze, hochglanzpolierte Lederschuhe, die im Schein der Kerze hervorstachen.

Shimin bedeutete mir, es ihm nachzutun. Wir legten unsere vorbereiteten Spendenbeutel, das Eintrittsgeld für den Totenbesuch, in den Spendenbehälter. Dann verbeugten wir uns wieder, entfernten uns – noch immer auf Knien – ein wenig von dem Sarg, standen auf und zogen uns langsam aus dem Trauerhaus zurück.

Ich erinnere mich noch gut an die 1990er Jahre, die mich oft auf das Land am Gelben Fluss nördlich von Xi'an führte. Ein einziges Mal nur hatte ich die Gelegenheit, einmal ein Trauerhaus auf dem Land zu besuchen, in dem noch die alte Tradition lebendig war, den Toten viele Tage lang im Hause aufzubahren, während die Verwandten sogar verpflichtet waren, ihre Nächte auf Strohmatten unmittelbar neben dem offenen Sarg zu verbringen. Aber sehr häufig traf ich auf Trauergesellschaften, die in einer Mischung aus lautem Weh-klagen und dröhnender *suona*-Trompetenmusik durch die Dörfer zogen, um ihre Toten zu den nahegelegenen Hügeln zu begleiten. Auf dem chinesischen Land waren die Hügel und Berge in der Nähe einer menschlichen Siedlung oft gespickt mit Gräbern. Tote wurden immer in der Erde bestattet, und die beste Erde war möglichst nahe dem Himmel, nahe der höchsten Stelle der Er-hebung. Dabei wurde immer getrauert. Je lauter, desto besser. Ein Beerdigungszug unterhielt ein ganzes Dorf, und kam er dann nach vielen »Trauerstopps« endlich am Grab auf dem Hügel an, so rollte das Crescendo der Trauernden zwischen den Hügeln verstärkt und beglei-tet von Trommeln, Gongs und *suona*-Trompetenstößen. »In Länge und Lautstärke ihrer Klagen um die Toten«, schrieb John Henry Gray (1828–1890), »rivalisieren die Chinesen mit den alten Ägyptern.«[14] In China be-stimmten die Toten jedenfalls das Leben. In jedes Haus gehörte ein Ahnenaltar, und man bat den längst Ver-blichenen um Antwort auf entscheidende Fragen der Familie. Diese vollzog regelmäßig Kotau, warf sich also in ganzer Länge auf den Boden vor dem Totenbild und der Ahnentafel und brachte Opfer dar. Der Hausherr und Ahn war stets anwesend, auch weit über seinen Tod hinaus.

Im 21. Jahrhundert sind die Ahnenaltäre verschwun-den – auch in Hancheng. In nur 20 Jahren verschwand das Ritual des Trauerns, das über Jahrhunderte China geprägt hatte – bis weit hinein in die Moderne der Volksrepublik. Radikale Veränderungen der Gesellschaft haben sie hinweggefegt. »Wo sind eigentlich die Toten?«, fragte mich kürzlich eine deutsche Bekannte während eines gemeinsamen Besuchs am Grab des Schriftstellers Lu Xun (1881–1936). Im alten Hongkou-Distrikt, dem Viertel, wo wir uns gerade befanden, war dieses Grabmal das einzige weit und breit. Friedhöfe auf buddhistischen Tempelanlagen wie in Japan oder auf Kirchengeländen wie in Europa gibt es in China nicht.

Die Toten finden keinen Platz mehr. In Shanghai ist das schon lange ein großes Problem. Früh schon sicherten sich die Stadtbewohner daher Grabstätten in den Nachbarregionen wie etwa in Suzhou, 80 Kilometer weit entfernt. Ganz gegen den alten chinesischen Brauch haben Feuerbestattungen überall die Beerdigung ersetzt. Ein winziger Regalplatz oder eine kleine Mauernische ersetzen heute das Grab in der Landschaft.

Ein solcher Ort ist ganz in meiner Nähe. Der Weijiajiao-Friedhof von Xujing ist eine öffentliche Grabanlage – mit Komplettservice von der Einäscherung bis zur Urnenaufbewahrung. Im Westen der Stadt und eingekreist von immer weiteren Hochhauskomplexen, beherbergt das Areal einen winzigen Teil der Toten von Shanghai. Hohe Mauern, bewachte Eingangstore und sogar Stacheldraht trennen die Toten demonstrativ von den Lebenden. Da Chinesen aber noch immer sehr abergläubisch sind und man die Geister der fremden Toten weit mehr fürchtet als Fremde ohnehin, halten sich die Besucher auch meist fern. Die Toten erhalten zwar noch Tafeln, auf die ihre Namen und die ihrer Familienangehörigen geschrieben sind, doch in den Familien selbst sind sie nicht mehr. Die Grabstätten nennt man heute nach westlicher Art Friedhöfe, eigentlich »Gärten der Ruhe«, und vermeidet so die direkte Bezeichnung »Grab«.

Seit 1997 ruht auch mein chinesischer Schwiegervater in einer ähnlichen Anlage wie der von Weijiajiao. Jedes Jahr gingen wir zum »Grabsäubern« am chinesischen »Allerheiligen«, dem Gräbertag am 4. April. Jeder vollzog eine kurze Verbeugung, hinterließ ein paar Blumen, einen Apfel oder ein paar Teigtaschen und verließ dann den Toten wieder bis zum nächsten Jahr. Der bleibt allein unter Fremden, die er nicht kennt, statt wie früher weiter im Kreise der Familie zu ruhen, die seine Ahnentafel und seinen Ahnenaltar pflegte.

China ist aber wie Japan und viele andere asiatische Länder im Kern eine familienbasierte Kultur. Trauer wurde nicht ausschließlich, aber doch weitestgehend in den Familien kultiviert. Mit der Moderne mussten die Toten ihre Familien verlassen. Das ist eine der stärksten und gleichzeitig fast unbeachteten Folgen revolutionärer Brüche im 20. Jahrhundert

Einerseits war nun die jüngere Generation von der Last befreit, auch nach dem Tod der Alten deren Wünschen und Lebensvorstellungen gerecht zu werden und damit auf eine eigene Zukunft zu verzichten. Anderer-

seits ist Trauer auch eine wichtige Form der Erinnerung. Wenn die Familien aber zunehmend verlernen,
zu trauern – wo bleiben dann Fähigkeiten und Rituale,
sich zu erinnern?

Mit dem neuen Gewinn persönlicher Freiheit, dem
Wachsen der Städte und dem neuen Leben in der Klein-
familie droht China von einer doppelten »Unfähigkeit
zu trauern« befallen zu sein. Im Unterschied zum Westen und insbesondere Ländern wie Deutschland fehlt
die Debatte um eine »Kultur der öffentlichen Erinnerung«, wie Margarete und Alexander Mitscherlich sie
nach den deutschen Verbrechen des Zweiten Weltkriegs mit ihrem Buch *Die Unfähigkeit zu trauern*, 1967,
kurz vor Beginn der Studentenbewegung, gefordert
haben. In China aber kann »Vergangenheit nicht abge-
schlossen werden, um Gegenwart herzustellen«[15], weil
die Vergangenheit in Gestalt der Partei noch immer
Gegenwart ist. Für die 70 Millionen Toten der Mao-Zeit
werden keine öffentlichen Ahnenhallen gebaut werden, und in den Familien droht ihnen wie unzähligen
anderen Toten sehr leicht das Vergessen.

Wenngleich den Japanern Friedhöfe und buddhistische Tempel offen stehen, ist auch ihnen die kollektive
Trauerarbeit, die einst die Mitscherlichs für Deutschland forderten, so fremd wie den Chinesen. Auch der
300 000 Toten des Nanjing-Massakers vom 13.12.1937,
eine der schlimmsten Gräueltaten, die Japaner an Chinesen im Zweiten Weltkrieg verübten, wird nicht gedacht. Öffentliche Trauer um Menschen, deren Tod man

verschuldet hat, gelingt weder in Japan noch in China. Beide trauern allerdings gern und aufwendig um eigene Opfer, die andere verschuldet haben. Die Chinesen haben den Toten des Massakers von Nanjing von 1985 bis in die ersten Jahre des 21. Jahrhunderts ein gewaltiges Museum gebaut, in dem die tiefste Trauerfarbe Schwarz die Szenerie beherrscht, und im japanischen Hiroshima gedenkt man der Toten der Atombombenabwürfe von 1945. Kollektive Trauer scheint nur möglich, solange der Schuldige nicht in den eigenen Reihen zu suchen ist.

Die Fragezeichen, die mein Sohn um seine Karikatur eines trauernden Chinesen gezeichnet hat, bleiben am Ende stehen. Ob sie wahrgenommen werden, ist eine Frage der Persönlichkeit. Die Gegenwart macht die Wahrnehmung jedenfalls nicht leicht.

ANGST

Todesfahrer Yao Jiaxin

06.06.2011, Todeszelle in einer Strafvollzugsanstalt der Stadt Xi'an, Provinz Shaanxi, Volksrepublik China. Yao Jiaxin sitzt im Schein einer Lampe über einen roh gezimmerten Schreibtisch gebeugt. Vor ihm ein Blatt Papier, auf das er zunächst Wörter, dann Sätze und schließlich einen ganzen Text schreibt. Yao Jiaxin ist nicht allein. In seiner Nähe steht ein Wächter, der ihn ständig beobachtet.

»Morgen ist alles vorbei. Die Nacht, die niemals endet, wird vorüber sein. Ich werde wieder aufwachen, die Sonne wird scheinen, und ich sitze am Esstisch mit meiner Mutter, die mir *jiaozi*, mein Lieblingsgericht, gekocht hat. Wir werden reden, und ich werde ihr von Xiao Mei erzählen. Vater wird nicht dabei sein, und das ist gut so. Wenn Vater fort ist, darf ich Fehler machen, und niemand treibt mich mehr an, der Beste zu sein. Fehler machen mir Angst, es gibt nichts Schlimmeres als Fehler. Und ich habe einen großen Fehler gemacht, in jener

Nacht des 20. Oktober, als ich diese Frau anfuhr. Dabei hatte Vater mir immer gesagt: ›Fehler, Jiaxin, Fehler dürfen dir nicht passieren. Wer Fehler macht, versagt.‹

Vater hat nie versagt in seiner Strenge. Versagt habe ich allein, schrecklich versagt. Wenn ich doch keine Lust auf frische Äpfel gehabt und dieses Messer nicht gekauft hätte, um sie zu schälen, dann säße ich jetzt nicht hier. Aber ich hatte Lust auf Äpfel, saftige, frische, schöne rote Äpfel. Ich hatte dabei an Mutter gedacht. Mutter schwor auf das Schälen der Äpfel: ›Die Bauern verwenden zu viele Pestizide, Jiaxin, Apfelschalen kann man nicht essen.‹ Das hat Mutter immer gesagt. Zum Apfelschälen brauchte ich das Messer. Im Wohnheim hatte ich keines. Seitdem ich am Konservatorium der Nordwest-Universität studiere, wohne ich dort. Hatte dort gewohnt. Jetzt wohne ich hier im Gefängnis. Und das ist meine letzte Wohnung.

Morgen werde ich tot sein. Es geschieht mir recht. Was ich getan habe, war besonders grausam, niederträchtig, abscheulich. Hundertmal haben sie diesen Satz wiederholt. Abscheulich, niederträchtig, grausam bist du – Yao Jiaxin. Wenn sie mir doch das Messer gelassen hätten. Dann könnte ich mein jämmerliches Leben beenden, bevor sie es tun. Ich habe solche Angst, fürchterliche Angst. Aber morgen ist wenigstens dieser Albtraum zu Ende, der mich jede Nacht heimsucht. Jede Nacht sehe ich diese Frau, wie sie mich anstarrt, wie sie versucht, mich zu durchschauen. Sie will mein Autokennzeichen lesen, will wissen, wer es war, der dafür gesorgt hat, dass sie blutend auf dem Boden liegt. Sie weiß genau, wer ich bin. Sie weiß alles von mir, kennt meine Fehler, und mein größter Fehler ist, dass ich sie getroffen habe. Sie wird meinem Vater alles sagen. Sie wird ihm sagen, dass ich es war, der seinen Traum vom Erfolg zerstört hat. Sie wird ihm ihre Wunden zeigen, das kaputte Elektrofahrrad, das Blut auf ihrer Kleidung. Ein Leben lang wird sie das tun, denn ich habe sie ja verletzt. Die Verletzung wird aus ihr eine Behinderte machen. Sie wird immer wieder zu meinem Vater gehen und Geld wollen, viel Geld für ihre Arztkosten, für die Behandlung, für ein neues Elektrofahrrad, das ich gerammt habe. Diese Dinger sind so verdammt leise. Plötzlich sind sie da. Vor einem, neben einem. Ehe du dich's versiehst, hast du eines gerammt. So wie das der Frau, die vor mir lag. In jener schrecklichen Nacht. Ich hatte Panik, wirklich Panik, dass alles herauskommt, dass sie mich entlarvt, mich anklagt. Hunderttausende von Yuan wird sie haben wollen. Wie sollen wir das zahlen, woher das Geld? Alles, was meine Eltern hatten, haben sie in mich gesteckt. Die Uni, das Auto, das sie mir gekauft haben, damit ich abends sicher zu meinen Musikproben fahren kann. Sicherheit ist das Wichtigste.

Alles war kaputt, wenn diese Frau überlebte. Wenn sie von meinem Vater kein Geld mehr bekommen kann, dann wird sie zu mir kommen. Ich muss sie versorgen, für sie bezahlen. Mein ganzes verdammtes Leben lang muss ich für sie bezahlen.

Und dann kam sie hervor, plötzlich. Ich weiß gar nicht, wie. Keine Kontrolle, ich hatte keine Kontrolle über diese Hand. Ich stand nur daneben und sah zu – wirklich! Das war nicht meine Hand, die meinen Rucksack öffnete und das Apfelmesser herausholte. Das war eine Mörderhand.

Diese Hand stach zu, immer wieder. Achtmal, haben sie mir gesagt. Besonders grausam, besonders niederträchtig. Eine Mörderhand, die einen Mordanschlag verübte. So stand es in der Zeitung.

Es war meine Hand. Plötzlich gehörte die Hand wieder mir. Die Wirklichkeit erschien mir verlangsamt, alles lief ab wie in Zeitlupe. Plötzlich war mir klar, dass diese Hand ein Messer hielt, von dem Blut tropfte. Das Blut eines Menschen. Was hatte ich getan? Fort von diesem Ort, weg von dieser Frau, die mich nun nicht mehr anstarrte. Sie reckte auch den Kopf nicht mehr, um mein Autokennzeichen lesen zu können. Sie war tot. Aber das wusste ich damals noch nicht.

Ich trat das Gaspedal durch. Keine Ahnung, wohin. Einfach nur weg. Ich kam nur ein paar Kreuzungen weiter. Dann verlor ich die Kontrolle und erwischte zwei weitere Menschen. Sie wurden, glaube ich, nur leicht verletzt. Ich wollte weiterfahren, einfach nur weiter. Alles war egal, die Panik trieb mich voran. Aber die Menschen hatten etwas dagegen. Sie waren stärker als meine Panik. Sie hielten mich auf. Ich konnte nicht weiter.

Seitdem bin ich hier im Gefängnis. Alle Richter haben das Gleiche gesagt: Ich habe niederträchtig, brutal und gemein einen Menschen getötet. Niederträchtig, brutal und gemein – so bin ich. Als ich vor den Richtern stand, die hinter einer Barriere mir gegenübersaßen, weit weg und erhöht auf einer Art Empore, durchbohrten mich Blicke von allen Seiten. Sie waren alle gekommen, um mich in Handschellen zu sehen. Die Uni, meine Mitstudenten. Als mein Tod verkündet wurde, waren 400 da. Sie sahen, was mit Typen wie mir passiert. Sie wissen nun, dass mit ihnen das Gleiche passieren würde. Wenn sie gegen das Gesetz verstoßen. Ich habe gelernt, das Gesetz zu achten. Das Gesetz steht über den Menschen und straft die Schlechten.

Meine Mitstudenten sind gut. Sie sind keine niederträchtigen Verbrecher wie ich. Die tun so etwas nicht. Die töten keine Menschen. So was tun nur die, die hier drin sind. Meine Mitstudenten aber sind draußen hinter den Mauern. Sie dürfen weiter lernen. Wenn ich doch nur noch einmal Klavier spielen könnte. Ein Requiem wie *Mit den Toten in einer toten Sprache* von Modest Mussorgsky ...«

Am Vormittag des nächsten Tages, des 7. Juni 2011, starb Yao Jiaxin (1989–2011). Er wurde entsprechend den Gesetzen der Volksrepublik China hingerichtet, genau so, wie es die Staatsmacht vorgesehen hatte. In den Augen des Staates und seiner Richter starb Yao Jiaxin als grausamer Totschläger, als entgleister Sohn unglücklicher

Eltern. Doch in Wirklichkeit starb Yao Jiaxin an den Folgen einer intensiven Angst: Es war die Angst vor dem Versagen und die Angst vor Verantwortung. Yao Jiaxin war 21 Jahre alt, als er starb. Über die Angst, die er vor seinem Tod empfunden haben muss, finden sich keine Dokumente. Daher habe ich versucht, sie nachzuempfinden.

Yao Jiaxins Geschichte ist ein Extremfall, der wie alle Extremfälle selten ist und für entsprechende Schlagzeilen sorgte. Doch die Angst, die diesen Extremfall ausgelöst hat, ist in China weit verbreitet. Wer in Deutschland und anderen westlichen Kulturen einen Verkehrsunfall verursacht oder einem anderen eine Verletzung zufügt, kann in der Regel davon ausgehen, dass seine Schuld und die damit verbundene Verantwortung für die Tat vor Gericht eindeutig geklärt werden. Im Westen existiert durchaus eine Art Grundvertrauen in die sachliche Regelung von Verkehrsdelikten, die am Ende dafür Sorge trägt, dass beide Parteien wissen, woran sie sind. In China besteht letztendlich nur die Gewissheit, dass Staatsmacht und Gerichte Strafen aussprechen. Daher verlässt sich niemand darauf, dass er im Falle eines Gerichtsverfahrens sein Recht bekommen wird. Umgekehrt ist Verlass darauf, dass Strafen ausgesprochen werden. Das führt automatisch zu Vermeidungsstrategien und Furcht vor Strafverfolgung.

Verkehrsunfälle sind im modernen China wahrscheinlich die häufigsten Ereignisse, bei denen Menschen direkt mit der Staatsmacht konfrontiert werden. Nach Schätzungen der Weltgesundheitsorganisation sterben dort jährlich bis zu 250 000 Menschen im Straßenverkehr. Das sind rund 20 Prozent aller Verkehrstoten weltweit, eine wirklich beängstigende Zahl. Ungefähr viermal so viele, also möglicherweise bis zu einer Million Menschen, werden im Straßenverkehr verletzt.[1]

Viele dieser Verletzten entsprechen genau dem Muster jenes Falles, in den der zum Tode verurteilte Yao Jiaxin verwickelt wurde: Ein stärkerer Verkehrsteilnehmer, in der Regel ein Auto, touchiert oder rammt einen schwächeren Verkehrsteilnehmer. Seitdem Fahrräder auf Chinas Straßen deutlich weniger geworden sind, dominieren E-Bikes oder Elektrofahrräder das Bild. Sie sind schneller als Fahrräder, bewegen sich aber ähnlich leise. Dem Reiz, ein Auto zu besitzen, steht die Furcht entgegen, mit diesem Auto in einen Unfall verwickelt zu werden.

Das 2004 in Kraft getretene und damit noch relativ neue Gesetz zur Sicherheit auf Chinas Straßen sagt ausdrücklich, dass im Falle eines Unfalls, in den ein Auto und ein »nicht motorisiertes Fahrzeug beziehungsweise ein Fußgänger« involviert sind, der Autofahrer die Schuld für den Unfall zu tragen hat. Lediglich für den Fall, dass der Lenker des nicht motorisierten Fahrzeugs oder der Fußgänger absichtlich die Verkehrsregeln verletzt »und gleichzeitig sich der Autofahrer darauf nachweislich eingestellt hat«, kann die Verantwortung des Fahrers für den Unfall »reduziert« werden.[2] Schuld bekommt er allemal zugesprochen – lediglich der Umfang wird einer Prüfung unterzogen.

Damit ist klar: Im Zweifelsfalle zieht der Autofahrer den Kürzeren. Nun sind zwar E-Bikes motorisierte Fahrzeuge, auf denen nach strenger Auslegung dieser Gesetzespassus nicht zutreffen sollte, doch im Vergleich zum Auto sind sie auf jeden Fall die schwächeren Verkehrsteilnehmer. Daher wird ihnen eine Art Meistbegünstigung zukommen, die sie absichert.

Noch ein weiteres Phänomen auf Chinas Straßen macht den Autofahrern das Leben schwer: das Vorfahrtsrecht. Im Westen gilt die Regel, dass der, der sich auf einer Hauptstraße im Verkehrsfluss bewegt, auch derjenige ist, der ohne Angst vor einem Unfall unbeirrt weiter geradeaus fahren darf. Schwächere Verkehrsteilnehmer oder solche auf »untergeordneten« Straßen müssen sich nach ihm, der doch »Vorfahrt« hat, richten.

Nicht so in China. Hier gilt: Wer zuerst kommt, fährt zuerst. Das führt dazu, dass ausländische Touristengruppen unterwegs in chinesischen Reisebussen jedes Mal vor Schreck aufschreien, wenn sich in engen Straßen plötzlich und ohne Rücksicht auf einen möglichen Unfall ein Elektrofahrrad vor ihren tonnenschweren Bus auf die Hauptstraße schiebt. »Das kann doch wohl nicht wahr sein.« – »Noch nichts von Vorfahrtsrecht gehört?« Kommentare des Nichtverstehens werden unterstützt von Kopfschütteln.

Wer weiß, ob sich Zhang Miao, die getötete Elektrofahrradfahrerin in jener Nacht des 20. Oktober 2010, nicht genauso vor Yaos Chevrolet gezwängt hat und der unerfahrene Wagenlenker nicht reaktionsschnell genug war, sich der Situation anzupassen. Ein deutscher Autofahrer mit deutschen Verkehrsgewohnheiten und tief im Blute verinnerlichtem Vorfahrtsrecht wäre dann in Zhang Miaos E-Bike hineingefahren.

Die latente Furcht, dass etwas passieren könnte, gehört zum Wagnis des Autofahrens in China dazu. Ob ich nun im Sinne westlicher Rechtsauffassung schuldig oder nicht schuldig bin, kann da wenig beruhigen, da ich, als der Stärkere im Verkehr, die Verantwortung für den Schwächeren übernehmen muss. Ausländische Bekannte erzählen von Vorfällen, bei denen sie als Autofahrer in Verkehrsunfälle verwickelt wurden und eigentlich immer schuld gewesen sein sollen. Doch nicht weil sie Ausländer sind, wie sie oft meinen, sondern weil das chinesische Verkehrsrecht wesentlich auf einem alten gesellschaftlichen Leitprinzip fußt, das man als »Prinzip der Zwischenmenschlichkeit« *(renqing)* bezeichnen kann. Dieses Prinzip sieht vor, dass dem vermeintlich Schwächeren immer ein gewisser Schutz vor dem Stärkeren zukommt. Es wurzelt im alten konfuzianischen Prinzip des *ren* – grob zu übersetzen mit Menschlichkeit.

Nun wird es erst recht problematisch. Der Schwächere, der prinzipiell gegenüber dem Stärkeren »im

Recht ist«, kann Forderungen stellen. Diese Forderungen sind finanzieller Natur und treiben in schweren Fällen die Familien des Schuldners in den Ruin. Vor Gericht klagten die Angehörigen der getöteten E-Bikerin Zhang Miao von der Familie des Yao Jiaxin insgesamt über 240 000 Yuan (ca. 32 000 Euro) an Entschädigungszahlungen ein. Im Unterschied zu meinen deutschen Bekannten in Shanghai, die als »stärkere« Verkehrsteilnehmer in einen Verkehrsunfall verwickelt waren, hatte Yaos Familie keine Privathaftpflichtversicherung, die für den Schaden aufkommen konnte. Die Ängste, im Falle eines Unfalls große Geldbeträge möglicherweise ein Leben lang bezahlen zu müssen, trieben einen entsprechend disponierten Menschen wie Yao Jiaxin zu seiner grausamen Tat. Die Angst, der Verantwortung nicht gewachsen zu sein, hatte den jungen Mann überwältigt.

Schließlich klang noch ein drittes Angstmotiv in Yao Jiaxins letztem Brief an: die Angst, versagt zu haben. Mit schon vier Jahren als neues Wunderkind am Klavier gefeiert, hatte der junge Mann stets funktioniert, wie sich die Eltern das vorstellten. Fehler waren da nicht vorgesehen, und um ihn vor Fehlern und Gefahren zu schützen, griffen die Eltern tief in die Tasche, kauften für 140 000 Yuan (ca. 21 500 Euro) dem frisch gebackenen Musikstudenten sogar einen eigenen Wagen. Dieser »sichere« Wagen nun – und darin steckt die Ironie des Falles – ließ Yao Jiaxin den entscheidenden Fehler seines Lebens machen und ihn am Ende in der Todeszelle von Xi'an sterben.

Nur wenige junge Chinesen handeln in einer ähnlichen Situation so wie Yao Jiaxin. Glücklicherweise tun sie das nicht. Doch Yao Jiaxins Tat beweist, welchen Ängsten viele ausgesetzt sind. Schwer wirkt der häufig erlernte Anspruch, als Einzelkind ausnahmslos funktionieren zu müssen. Immer auf der Jagd nach Bestnoten, ist die Furcht vor dem Versagen ein ständiger Begleiter. Wer dann wirklich versagt, findet oft keinen angemessenen Weg, mit seinem Scheitern umzugehen.

Schülerängste

Das Internet ist angefüllt mit Beispielen von Selbstmorden chinesischer Schülerinnen und Schüler, Studentinnen und Studenten. Fälle wie die folgenden sind nur wenige Beispiele aus der Menge tragischer Einzelschicksale, deren Erinnerungsspuren das Netz zumindest für eine begrenzte Zeit sichtbar hält.

Da war Yang Xing, eine fleißige Schülerin aus der Inlandsprovinz Shaanxi. Yang Xing war 15 Jahre alt, als ihr Leben endete. Außer der Wohnung ihrer Eltern und der Schule hatte sie nicht viel gesehen. Ihr Alltag war gefüllt mit Bücherstapeln, Englischübungen, Chinesischzitaten und Mathematikformeln. Yang Xing hatte kaum Zeit, sich schön anzuziehen, denn die Dauerkleidung einer chinesischen Schülerin ist der *xiaofu*, ein uniformer Jogging-Anzug, der selbst heranwachsende Jugendliche äußerlich so ähnlich macht wie die berühmten »blauen Ameisen« der Mao-Zeit, als Mao Zedong alle Menschen, egal ob Mann oder Frau, in die gleiche sozialistische Arbeitskleidung stecken ließ. Damals waren alle gleich, unter der Leitung von Partei und Kollektiv, heute sind alle gleich vor dem Gesetz der Bildung – zumindest bis sie 18 Jahre alt werden. Doch Yang Xing wurde nicht 18. Sie hielt dem Druck von Schule und Eltern nicht stand. Kurz bevor sie, noch mit dem *xiaofu* bekleidet, aus dem Fenster sprang, nahm sie den Stift, der eigentlich für die Erledigung der täglichen Hausaufgaben gedacht war, um ihren ersten eigenen Text seit langem zu verfassen. Einen Text, der nur ihr allein gehörte und für den niemand anderes die Aufgabe gestellt hatte: »Lehrer Wang hat mich heute geschlagen, weil ich einfach kein Englisch lesen kann. Dabei habe ich mich so angestrengt, so viel gelernt. Bei jeder Prüfung versage ich, ich weiß wirklich nicht, warum! Lieber Lehrer Wang: Entschuldigen Sie bitte. Ich beschwere mich nicht, dass Sie mich geschlagen haben. Ich weiß, dass Sie das nur getan haben, weil Sie es gut mit mir meinen. Ich gehe nun einfach. Nochmals bitte ich Sie um Entschuldigung, lieber Lehrer Wang.«[3]

Weiter im Osten, rund 1000 Kilometer entfernt von dem Fenster, aus dem Yang Xing in den Tod sprang, kapitulierten zwei Schüler unter dem Druck eines Hausaufgabenberges, den sie nicht bewältigen konnten.

Der eine, 13 Jahre alt, ging in die sechste Klasse einer Grundschule in Lishui, einer Gemeinde in der Nähe Nanjings. Die sechste ist auch die letzte Klasse der chinesischen Grundschule, und am Ende stehen wichtige Prüfungen, die über die Chance entscheiden, von einer guten weiterführenden Mittelschule aufgenommen zu werden. Der Junge stand genau wie Lehrer und Eltern unter Druck. Schon Wochen vorher hatte er diese sogenannten drei freien Tage gefürchtet, Tage, die offiziell Feiertage rund um den Tag der Arbeit (1. Mai) und den Tag der Jugend (4. Mai) lagen. »Tage der arbeitenden Jugend« wurden diese auch klammheimlich genannt. Jeder wusste: Berge von Hausaufgaben mussten erledigt werden, um den großen Endspurt vor den Sommerferien einzuleiten. Der Junge wusste, dass davon alles abhing. Seit Tagen träumte er in den wenigen Stunden, die ihm jede Nacht nach den Hausaufgaben und vor Schulbeginn zum Schlafen blieben, davon, dass ihn Bücher und Schreibhefte erdrückten. Er hörte die strenge Stimme des Lehrers, die hysterischen Ausbrüche der Mutter, wenn sie merkte, dass er in der täglichen Leistung nachließ. Sie stand immer neben ihm, beaufsichtigte noch im Traum seine Fortschritte.

Jeden Morgen wachte er schweißgebadet auf und wusste sofort: Schaffte er das Pensum, konnte er weiterkämpfen, um im schnell voranschreitenden Bildungswettbewerb eine Chance zu haben, schaffte er es nicht, dann gab es nur: nichts mehr. Nichts mehr war der Tod. Am frühen Morgen des 2. Mai wusste er es.

Er blickte hinaus in die Dunkelheit kurz vor der Morgendämmerung, horchte in die Stille der elterlichen Wohnung hinein. Es war die rechte Zeit, die Zeit der Ruhe und des Nichts. Der Junge nahm seinen Lieblingsschreibstift und schrieb einen kurzen Abschiedsbrief, der folgende Worte enthielt:

»Liebe Eltern, es tut mir leid. Aber ich muss gehen. Es gibt keinen anderen Weg. Ich habe nur eine Bitte: Bitte stellt doch einen Strauß weiße Lilien auf mein Grab. Die habe ich so gern. Ich möchte endlich nur wieder etwas Schönes sehen, einfach so, ohne dafür etwas leisten zu müssen. Lebt wohl!«[4] Danach verließ er die Wohnung und ging zum nahegelegenen Aufzugsschacht. Dort hatte er das Seil bereits vorbereitet. Er brauchte nur noch die Schlinge zuzuziehen.

Wenige Stunden später folgte ihm ein Mittelschüler, der sein älterer Bruder hätte sein können. 15 Jahre alt, ging er in die neunte Klasse einer Mittelschule in Yanziji, einem Vorort Nanjings am Yangtse-Fluss. Ich nenne ihn der Einfachheit halber den »älteren Bruder«, denn in China sind junge Menschen, die nicht miteinander verwandt sind, durchaus gewohnt, »älterer Bruder« oder »jüngere Schwester« genannt zu werden. Geschwisterlich verbunden sind sie durch das gemeinsame Leiden, niemals ausruhen zu dürfen. Der ältere Bruder ging in die neunte Klasse, die letzte der chinesischen Pflichtschulzeit. Am Ende stand die so wichtige Aufnahmeprüfung in die Oberschule, das Tor zum Hochschulstudium. Alle Eltern, Schüler und Lehrer hatten allein dieses »Tor« vor Augen. Auch er war beladen worden mit einem Berg von Hausaufgaben, und auch er wusste sehr bald: »Es geht nicht. Ich kann das nicht schaffen. Aber wenn ich es nicht schaffe, ist alles vorbei.« Wieder das große Nichts. Denn für viele chinesische Schüler ist eben die Schule alles – und neben allem gibt es nur noch nichts. Und so stand er vor seinem Zimmerfenster. Er brauchte nur einen Schritt zu tun, einen kleinen, aber todsicheren Schritt, denn das Nichts war hoch, weit und haltlos dort oben im sechsten Stock. Er zögerte nicht lange, dann schritt er hinaus.

Einige hundert Kilometer nördlich in Jinan, Hauptstadt der Provinz Shandong, wollte ein Mitschüler, der den großen Bruder und sein Schicksal natürlich nicht kannte, weiterleben und seine Furcht endlich loswerden.[5] Wenn da nur nicht dieser Lehrer wäre. Diesen Lehrer hielt er für verantwortlich für seine ständigen Versagensängste. So auch an diesem Prüfungstag. Der Lehrer hatte die Aufgaben verteilt, und der Junge, der weiterleben wollte, konnte nicht antworten. Es ging einfach nicht. Nichts floss aus seinem Stift, und fünf Minuten vor Ende der Prüfungszeit war das Blatt noch immer so weiß wie zuvor. Das Weiß blendete ihn. Er beschloss, es so zu belassen, wie es war. Er wollte es dem Lehrer zurückgeben, damit es ihn blendete und er endlich begriff, dass er nicht mehr konnte und nicht mehr wollte.

Als er das Blatt abgab, starrte der Lehrer zwei Sekunden lang darauf. Aber nur zwei Sekunden lang. Was das denn solle, seine Leistungen seien ohnehin immer schlechter geworden, nun dieses leere Blatt. Wie er denn den Abschluss schaffen wolle. Er ließ den Lehrer nicht ausreden, brüllte ihm nur entgegen: »Nun halt endlich die Klappe, sonst bring ich dich um!«

Dem Ausbruch folgten Entsetzen und Ratlosigkeit. Die Mutter wurde vor die Schulleitung zitiert, die lokalen Medien interessierten sich für sie. Im Interview erzählte sie von den Veränderungen des Sohnes, der auf einmal Wert auf sein Äußeres lege. Pubertät? – ein Fremdwort für die einfache Frau, die gemeinsam mit ihrem Mann einen Kleinhandel betrieb. »Mein Mann hat dann den Druck erhöht, hat den Jungen geschlagen, als er sah, dass der auf einmal viel Geld für Klamotten ausgab. Als dann die Noten schlechter wurden, erhöhte mein Mann den Druck nochmals, schlug härter zu, nahm dem Jungen vor jeder Prüfung das Handy weg.«

Die Eltern kannten nur die simple Gleichung: Gute Leistungen in der Schule gleich guter Sohn, schlechte Leistungen gleich schlechter Sohn.

Nur kurze Zeit später, genauer am 14. September 2013, hat ein anderer Schüler der Abschlussklasse der Mittelschule in Fuzhou, Provinz Jiangxi, seine Drohung wahr gemacht. In einem Anflug von Wut auf seinen Klassenlehrer, der mit viel Druck und harter Hand die Klasse leitete, erschlug der impulsive und kräftige Junge den

Mann. In wenigen Sekunden nur entlud sich die lange unterdrückte Wut auf den Lehrer.

Lei wusste hinterher kaum, was geschehen war, er hatte sich lediglich als »zu impulsiv« empfunden.[6] Alle Symptome entsprachen einer Panikattacke. Der junge Mann war nicht mehr »er selbst, stand neben sich«, wie der Psychotherapeut Hans Morschitzky die klassische Panikattacke als »Depersonalisierung« beschreibt.[7] Lei verließ für Sekunden die eigene Person, die es wie Millionen anderer chinesischer Schüler gewohnt war, Druck zu ertragen und Ängste auszuhalten. Er mutierte zu Lei, dem Totschläger, der Klassenlehrer Sun für all das Leid, das dieser ihm auf dem Weg zur Hochschulaufnahmeprüfung bereitet hatte, bestrafte.

Versagensfurcht, wie der Experimentalpsychologe Siegbert A. Warwitz jene Ängste klassifiziert[8], kann sich in augenscheinlich brutalen und niederträchtigen Totschlagsdelikten, von den Messerstichen des Yao Jiaxin im Straßenverkehr bis zur Tötung von Lehrern, entladen. Sie sind selten, ereignen sich aber gerade in den ersten Jahrzehnten des 21. Jahrhunderts mit einer gewissen Regelmäßigkeit.

Selbsttötung gehört wie in jeder Gemeinschaft menschlichen Zusammenlebens auch in China zu den gängigen Todesursachen. China zählt dabei nicht mehr zu den Ländern mit hohen Selbstmordraten. Jüngste Statistiken verweisen darauf, dass die traditionell hohen Zahlen von Selbsttötungen unter Menschen, die perspektivlos und unter großem familiärem Druck auf dem Land leben, durch die enorm hohe Zahl von Arbeitsmigranten, die in Städten neue Perspektiven und Lebensformen gefunden haben, deutlich zurückgegangen sind. Auch verstärkt die Entwicklung der städtischen Mittelschicht das Selbstbewusstsein vieler Menschen im Lande, getreu der Devise: Wir haben etwas erreicht.

Nachdem noch im Jahr 2002 westliche Forschungsinstitute Chinas Selbstmordrate mit 23,2 Fällen per 100 000 Toten höher als die Japans (21,4 Fälle) – eines Landes, das traditionell dem Selbstmord eine rituelle Bedeutung und gesellschaftliche Legitimation beigemessen hat – eingeschätzt haben, sind die Zahlen nach Forschungsergebnissen der Universität Hongkong deutlich gesunken. Für die Jahre 2009 bis 2011 lagen sie nur noch bei 9,8 Fällen.[9] Menschen finden im Zuge einer schnell voranschreitenden Urbanisierung wesentlich mehr Lebensperspektiven. Das ist die eine positive Nachricht.

Doch es gilt auch: Selbsttötungen sind die häufigste Todesursache unter den 15- bis 34-Jährigen.[10] Gemessen an Chinas Bevölkerungsmassen erscheint zwar auch diese Zahl nicht besonders hoch: Beispielsweise wurden offiziell unter den rund 145 Millionen Grund- und Mittelschülern Chinas im Jahr 2013 gerade einmal 79 Fälle von Selbsttötung registriert. Das sind die Bruchteile eines Promilles aller Schülerinnen und Schüler Chinas.

Doch signalisiert die Tatsache, dass extreme Ereignisse dieser Art in einer stark lebensorientierten, relativ sicheren und friedfertigen Gesellschaft wie der chinesischen sich häufen, wie stark die Ängste sind, die sich unter jungen Menschen aufgestaut haben.

Die 79 registrierten Fälle des Jahres 2013 sind vermutlich auch nur ein Teil der Wahrheit. Umfassende und verlässliche statistische Zahlen, wie viele Menschen aus Angst vor dem Versagen in Schule und Gesellschaft ihrem Leben ein Ende bereiten, fehlen. Doch wurden viele Fälle im Internet und in den Medien dokumentiert. Zwischen 2003 und 2005 allein verzeichnete man nur in Peking die folgenden Fälle von Selbsttötung unter Studierenden an Universitäten:

Am 6. Dezember 2003 hinterließ ein Student der Pekinger Volksuniversität einen Abschiedsbrief, zog sich nackt aus und sprang in den Tod. Am 16. April 2004 folgte ihm ein Masterstudent der Pädagogischen Universität Peking. Auch er stürzte sich in den Tod. Am 18. Mai nahm sich ein Student der Rechtswissenschaftlichen Universität Peking das Leben. Am 1. Juli sprangen gleich drei Studierende der Pekinger Universität für Traditionelle Chinesische Medizin und Pharmakunde in den Tod: ein junger Mann und zwei Studentinnen. Nur zwei Wochen später folgte den dreien eine Medizinstudentin der renommierten Peking-Universität. Sie sprang aus dem neunten Stock ihres Wohnheims. Am 30. August nahm sich eine weitere Studentin der pädagogischen Universität mit dem Todessprung das Leben.

Wieder zwei Wochen danach beendete ein Erstsemestler der Technischen Universität sein irdisches Dasein, eine Woche später eine Doktorandin der Eliteuniversität Peking, die sich aus dem 13. Stock hinabstürzte. Es folgen acht weitere ähnliche Fälle von Todessprüngen, bis die Liste mit dem Tod einer Studentin der Universität Peking schließt, die sich am 13. Mai 2005 aus Verzweiflung von einer Hochbrücke im Flughafen Chengdu stürzte.

Was waren nun die Gründe dafür, dass diese jungen Menschen ihr Leben aufgaben? In vielen Fällen erneut die Angst vor dem Nichts. Wenn ich nach der Uni nun keinen Job bekomme? In meinem Fach kenne ich so viele, die keinen Job finden. Sie arbeiten bei McDonald's, manche schon seit über einem Jahr. Die Eltern haben so viel Geld und Kraft aufgewendet, dass ich hier studieren kann. Nun kann ich ihnen das nicht zurückgeben. Was habe ich sonst noch? Das sind Fragen, die sich manch einer gestellt hat, der gesprungen ist. Neben Prüfungsängsten wiegt die Furcht vor der Ungewissheit des »Danach« besonders schwer. Danach ist all das, was nach der Schule kommt. Das Leben, wie Deutsche das gemäß dem alten Spruch ihrer Lateinlehrer gern nennen: »Nicht für die Schule, sondern für das Leben lernen wir.«

Junge Chinesen kennen diesen Spruch nicht. Sie wissen oft nur, dass sie für die Schule lernen. Immer mehr sind immer länger an Schulen: China hat seit den

1990er Jahren die Zahlen seiner Hochschulabsolventen vervielfacht. 2014 wurde die neue Rekordmarke von 7,3 Millionen Absolventen erreicht.[11] Das Absurde daran: Obwohl sie alle den begehrtesten Bildungsabschluss erreicht haben, für den sie den Druck der chinesischen Grund- und Mittelschulen ertrugen, für den ihre Eltern Entbehrungen hinnahmen und bisweilen viel Geld aufwendeten, für den ihre Lehrer sie antrieben, manchmal körperlich straften, ihnen schmeichelten oder sie kritisierten, stehen sie nun ohne Beruf da.

Oft spüren die jungen Erwachsenen, noch bevor sie die Hochschule verlassen haben, diese Angst vor der Arbeitslosigkeit, die plötzlich alles zunichtemacht, was das Leben junger Menschen nahezu ausschließlich bestimmt hat. Viel ausschließlicher als das häufig im Westen der Fall ist, wo jungen Menschen neben der Schule noch Zeit für ein eigenes Leben bleibt und sie viel früher die Möglichkeit haben, sich über andere Dinge als ausschließlich über Lernleistungen zu definieren.

Wer Chinas Jugend und ihre Ängste verstehen will, muss – zumindest ein klein wenig – nachvollziehen können, was es heißt, von einer Welt des eng umgrenzten, von anderen bestimmten und klar zielorientierten Daseins mit einem Mal in die Ungewissheit der Erwachsenenwelt entlassen zu werden. All jenen, die es schaffen, aus ihrem Leben etwas zu machen – und das sind zum Glück in China nicht wenige –, gebührt besondere Anerkennung. Den anderen bleibt nur unsere Bereitschaft, mit ihnen zu fühlen und ihr Handeln verstehen zu wollen. Der »skrupellose« Messerstecher und zum Tode Verurteilte Yao Jiaxin war einer von ihnen.

China ist eine Gesellschaft unter Hochdruck. Der Druck kommt von zwei Seiten: aus der eigenen Vergangenheit und der Leistungsgesellschaft westlichen Ursprungs. Die erste Seite wird geprägt von Überbleibseln konfuzianischer Tradition, die sich gerade im unverändert auf Prüfungen fixierten Bildungssystem einerseits und im traditionellen Verhalten von Vätern in ländlichen Regionen andererseits am deutlichsten zeigen.

In China konnte man sich traditionell nur über Leistung profilieren. Das ist nichts Neues und der Kern chinesischer Werteüberzeugungen, vom alten Konfuzius bis zu den Tigermüttern vom Schlage der Amy Chua, die in ihrem Bestseller *Die Mutter des Erfolgs* die klare Aussage trifft, »dass Eltern ›ihre Aufgabe nicht erfüllen‹, wenn Kinder in der Schule nicht herausragend« seien.[12] Dieser Satz deckt sich mit dem weit bekannten Satz des jahrhundertealten Grundschullesebuchs *Drei-Zeichen-Klassiker*:

»Wenn Eltern ihre Kinder nur gut versorgen, aber sie nicht lehren, dann versagen sie. Wenn ein Lehrer nur unterrichtet, aber dabei nicht Strenge walten lässt, dann ist er nachlässig.«[13]

Konfuzius selbst hat gleich im ersten Satz der Gespräche[14] mit seinen Schülern den entscheidenden Satz geprägt: »Lernen und das Gelernte immer wieder üben, ist das nicht eine Freude?« Was dem Mann einst eine persönliche Freude war, wurde im China der nachfolgenden Generationen zur Qual: Eltern üben oft mit ihrem Nachwuchs für die Schule um ein Vielfaches länger, als der Unterricht selbst dauert. Als ich das Buch *China – Ein Länderporträt* schrieb, erinnerte ich mich der chinesischen Grundschuljahre meines Sohnes:

»Xu An kommt viermal in der Woche um fünf Uhr nachmittags nach Hause, nur einmal in der Woche ist er bereits um Viertel vor vier wieder daheim. Das geht schon seit der ersten Klasse so. Die *ayi* – so nennen Shanghaier ihre Haushälterinnen –, die ihn seit Babyzeiten mit großgezogen hat, ist streng. Hausaufgaben unter Aufsicht sind sofort angesagt. Der Achtjährige fügt sich. Zwei Stunden Hausaufgaben bis zum Abendessen sind zu bewältigen: natürlich Muttersprache, Mathe, Englisch, die drei großen Fächer. Nach dem Abendessen folgt dann oft noch mit Mama eine zweite Runde. Die endet gegen neun Uhr, wenn der im Zeitmanagement nicht gerade begabte Nachwuchs schnell ist. Sonst kann es auch später werden. Das Hauptlernziel heißt: Geschwindigkeit. In 45 Minuten Zeitlimit müssen vierseitige Aufgabenkomplexe in Chinesisch und Mathe bewältigt werden. Irgendwann, wenn deutsche Altersgenossen längst schlafen, ist der Hausaufgabenberg bewältigt und sind alle Berichtigungen der letzten Prüfungen geschrieben. In der dritten Klasse wird fast täglich geprüft und die Leistung getestet. Schließlich darf Xu An zu Bett gehen. Neun Stunden später beginnt der nächste Zwölf-Stunden-Schultag. Eine 60-Stunden-

Woche ist für chinesische Schülerinnen und Schüler nichts Ungewöhnliches.

Das eigentliche Ziel der Mühen sind Prüfungen, immer wieder Prüfungen: Einstufungsprüfung, Zwischenprüfung, Abschlussprüfung, Oberstufenaufnahmeprüfung, *gaokao*-Prüfung. Der deutsche TÜV hätte seine Freude an so gut zertifizierten Kindern wie den jungen Chinesen.«[15]

Und wenn Xu An es nicht schafft? Dann zieht der Lehrer den Jungen auch schon einmal an den Ohren. Das ist zwar offiziell längst nicht mehr erlaubt in chinesischen Schulen – aber ein Lehrer, der nur lehrt und nicht streng ist, ist bekanntlich ein fauler Kerl.

Die Prüfungs- und Zertifizierungswut hat einerseits Tradition, wird andererseits aber zusätzlich verstärkt durch Internationalisierung und Globalisierung: Nur wer sichtbar Leistungen bringt, der zählt etwas auf der Welt. Und was ist sichtbarer als eine gute Prüfungsnote? Zwar garantieren diese am Ende leider keinen Job in einer praktisch ausgerichteten Wirtschaftswelt, aber sie lassen sich gut quantifizieren und machen den Menschen messbar in seinen Fähigkeiten. Genau darauf aber zielen »performance tests«, »performance feedbacks« oder »assessment centers« samt all der netten Erfindungen der westlichen Leistungsgesellschaft auch ab – trotz aller Betonung, wie wichtig soziale Fertigkeiten etc. seien. Doch auch die gilt es am Ende ja zu messen. China versucht nun beide Leistungsstandards –

den klassischen chinesischen und den westlichen – zu amalgamieren. Wer diesem Druck nicht standhält, der kann leicht in die Abwärtsspirale der Versagensfurcht geraten. Ich jedenfalls ziehe meinen Hut vor der enormen Belastbarkeit junger Menschen in China und bin froh darüber, dass die große Mehrheit die Angst, dem Druck nicht standhalten zu können, bewältigt – trotz aller Tragik der erzählten Fälle.

LIEBE

Der Ke'ai-Komplex

Es vergingen Wochen, bis wir uns wiedersahen. Doch eines Tages saß ich gemeinsam mit ihr unter dem Neonlicht auf kippligen Plastikschemeln, und sie zeigte mir ihre Fotosammlung in einem »Hello Kitty«-Album. Sie trug ein dunkelbraunes Cordkleid und hatte ihre Haare zu einem Knoten hochgesteckt. Die schlanken Beine steckten in hellbraunen Seidenstrümpfen, und die Füße in schwarzen, hochhackigen Schnürschuhen, die mich irgendwie an die alten Fotografien meiner Großmutter kurz nach ihrer Hochzeit erinnerten. Sie hatte uns in einer kleinen Kunststoffbox ein paar Jiaozi-Teigtaschen besorgt, die in der feuchten Luft des Wohnheimzimmers rasch kalt zu werden drohten. Wir aßen schnell. Nur ab und an störte uns ihre Mitbewohnerin, die Lust hatte, ein wenig zu tratschen und dabei unablässig kicherte. Auch sie kicherte viel, und das helle Lachen ließ ihre Grübchen noch tiefer erscheinen, die bezauberndsten, die ich je gesehen hatte. Damals wusste ich noch nicht, dass Asiatinnen besonders stolz auf diese kleinen Vertiefungen in ihren Wangen sind, die besonders intensiv zur Geltung kommen, wenn sie lächeln oder lachen. »Wein-Nester« heißen Grübchen auf Chinesisch. Vermutlich hatten angetrunkene Männer in der Kaiserzeit diesen Ausdruck erfunden, als sie, mit genauso viel Wein wie Muße versehen, darüber fantasierten, in welchen Behältnissen sie am liebsten weitertränken. Als ich etwas zu lange auf ihre Grübchen starrte, sagte sie nur: »*Ke'ai ba?*«

Ke'ai. Das bedeutet wörtlich so viel wie: »Du kannst es lieben.« Lieben kann man schließlich nur, was auch liebenswert ist. Aber »liebenswert« kommt seiner Bedeutung vielleicht noch nicht nah genug, denn »niedlich« sollte das Liebenswerte idealerweise auch noch sein. Daher passt es so gut zu Kindern und jungen Frauen.

Ke'ai waren ihr Lächeln, ihre Kleidung aus den Unschuldstagen meiner Großmutter, das Fotoalbum mit dem »Hello Kitty«-Cover, dazu die bunt bestickte Tagesdecke auf der Bettstatt im Wohnheimzimmer. *Ke'ai* war sogar das Wohnheim selbst, vor dessen vielen Türen jede Mitbewohnerin ihre eigene kleine Küche aufgebaut hatte. Ein blanker Horror für jeden Feuerversicherer, doch ganz wesentlich Ausdruck einer eigenen kleinen Welt, die einem selbst gehörte. »Mein eigenes kleines Zuhause«, sagte sie damals und in all den Jahren danach immer wieder.

Ke'ai war unser gemeinsames Leben im Nanjing der frühen 1990er Jahre. Dazu gehörten besonders die Ausflüge in die Parks der Stadt. Orte des Grüns im Grau der Plattenbauten. Hier feierten die Menschen die Höhepunkte ihrer Arbeitswoche, die verdiente Erholung am Sonntag mit der Familie.

Auch wir nutzten einen solchen Muße-Sonntag für einen Ausflug in den Nanjinger Gulin-Park. Dazu notierte ich in mein Tagebuch: »Ebenso auffällig ist die Liebe der Chinesen zu ihrem wertvollsten ›Besitz‹: ihren Kindern. Diese waren teilweise herausgeputzt, als gelte es einen Wettbewerb zu gewinnen. Fast jedes kleinere Mädchen trug ein Schleifchen im Haar, und die kleinen Jungen waren in die neuesten westlichen Anzüge oder ›Jogging-Klamotten‹ gekleidet.« All dies wurde fotografiert und fotografiert. Die schönsten Momente des Liebenswerten galt es festzuhalten.

Während die Eltern beschäftigt waren, die gut ausstaffierten »Süßen« in allen Posen zu fotografieren, hatte sie unser Picknick vorbereitet. Auf einer Kunststoffplane lag ein ganzes Brathähnchen mit Kopf und Füßen. Dazu hatte sie süßes Brot auf bunte Plastikteller gelegt. Sie lachte, lud mich ein zuzugreifen. Nachdem wir die Reste des Hähnchens kopf- und fußlos zurückgelassen hatten – denn die Extremitäten des Flattermanns waren nun einmal Delikatessen – holte sie ihre Lieblingslektüre hervor. *Love Story* von Erich Segal. Zusammen mit dem Filmklassiker *Vom Winde verweht* aus dem Jahr 1939 gehörten der Roman und seine Verfilmung aus dem Jahr 1970 zu den beiden liebenswertesten Dingen aus dem Westen. Sie trafen Chinas *Ke'ai*-Gefühle bis ins

Mark, und junge Frauen drängten in die Kinos, um mit Rhett Butler und Scarlett O'Hara oder Oliver Barrett und Jenny Cavalleri gemeinsam zu leiden.

Am späteren Nachmittag tauchte die Herbstsonne den Park in ein intensives Goldgelb. Sie trug Jeans, braune Halbschuhe und dazu eine kurze dunkelblaue Weste mit goldenen Motiven. Das lange Haar hatte sie nach Art eines Schulmädchens zu einem Zopf über ihrem Ponyhaarschnitt nach hinten gebunden, die Augen wirkten durch das dunkle Make-up und spezielle Folien, um die störende Lidfalte zu eliminieren, größer. Im Licht der sinkenden Sonne wollte sie fotografiert werden. Das Foto-Shooting zog sich über eine Stunde hin, ein ganzer Film musste investiert werden, um sie in ihren Lieblingsposen aufzunehmen. Sie drehte sich dabei in die unterschiedlichsten Sitzpositionen, frontal, seitlich, Halbprofil, Vollprofil, Bilder im Stand, dann wieder im Sitzen. »Ich weiß, wie das geht«, sagte sie selbstbewusst, »ein Freund an der Uni hat mich schon oft fotografiert.« Sie wusste genau, welche Posen die wirkungsvollsten waren, und was an diesem Tag begann, sollte mich noch viele Jahre immer wieder beschäftigen und mir dabei Routine antrainieren, wie ein Fotograf am schnellsten seine Objektive wechselt, damit ihm auch keine liebenswerte Pose entgeht. »*Ke'ai ba?*«, fragte sie nur. Ich nickte. *Ke'ai* sein muss inszeniert werden, genauso wie bei den Kinderaufnahmen unserer Picknicknachbarn. An jenem Tag im Herbst des Jahres 1992 schien die Zeit zurückgedreht. Ich fühlte damals, mit immerhin

24 Jahren, dass ich, um Jahre verjüngt, noch einmal neu lernte zu lieben, chinesisch zu lieben, indem ich aus vollen Zügen das »Liebenswerte« genoss.

Das Kind ist – nicht nur, aber besonders in China – das Einzige, was uneingeschränkt »geliebt« werden kann. Hier ist die Rede von einem klar definierten Kind. Einem Kind, das nicht älter sein sollte als elf oder zwölf Jahre und noch unverdorben von der Wirrnis der Pubertät. Mein Sohn, der in Shanghai geboren ist und sein Leben bisher ausschließlich in Shanghai verbracht hat, war genau ein solches Musterbaby mit *ke'ai*-Appeal, Ostasiens Gegenkonzept zum *Sex-Appeal* des Westens. Dieser *ke'ai*-Appeal war besonders den übergroßen tiefschwarzen Augen geschuldet, durchaus manga-tauglichen Augen. Kleinkinder mit entsprechenden Dimensionen sind stets »Püppchen«, *wawa*, die man liebevoll ankleiden, beschenken, ausstaffieren und bemuttern kann. Wenn sie dann noch kleine Mädchen mit *ke'ai*-Appeal sind, dann ist das Glück der jungen chinesischen Mutter, der Großeltern und oft auch des Vaters perfekt. Während ich diese Zeilen schreibe, sehe ich deutlich das Bild einer jungen Frau in weißer Bluse und Jeans, die einen kleinen, ungefähr dreijährigen Jungen in einer Hängematte am See sanft vor sich hin wiegt. Intensive Liebe spricht aus ihren Augen, und das Kind erwidert diesen Blick mit fröhlichem Lachen. Die junge Frau hat auf diesem Idealbild den gleichen intensiven *ke'ai*-Appeal wie der Dreijährige in seiner sanft schaukelnden Hängematte. Ich kann mich an keinen intensiveren Ausdruck gegenseitiger Liebe erinnern als genau an dieses Bild von Mutter und Sohn. Dazu passt, dass dieses perfekte Kind körperlich zumeist perfekt umsorgt wird, die beste Babynahrung gekauft, die Frage nach der richtigen Kleidung für jedes Wetter gestellt wird. Dazu gehört auch, dass das Kind bei der Mutter schläft, dass Körperkontakt, der in ostasiatischen Gesellschaften oft weniger selbstverständlich ist als in westlichen, hier intensiv gepflegt wird. Und selbstverständlich gehört das Kind voll und ganz zur Mutter.

Was aber geschieht, wenn dieses Kind erwachsen werden will? Wenn die Jahre des *ke'ai*-Seins enden? Spannungen zwischen Eltern und Kindern in den Jahren der Pubertät sind auf der ganzen Welt normal, in China aber geraten Abnabelungsprozesse zwischen Müttern und ihren Kindern regelmäßig zu kleinen oder größeren Katastrophen. Plötzlich ist das Liebenswerte zerstört, die Abhängigkeiten zerreißen, und die Mutter wird sich mit einem Mal bewusst, dass sie ihre Rolle verloren hat. Sie glaubt, dass sie überflüssig geworden ist. Die Routinen ihrer fast automatisierten Bemutterung laufen ins Leere, der oft so ersehnte Körperkontakt geht verloren. In China, Korea und Japan unterdrückt intensiver Leistungsdruck oft diesen natürlichen Abnabelungsprozess – und manch einer trennt sich erst an der Hochschule von der Bemutterung zu Hause. Da internationale Schulen den Jugendlichen mehr Freiräume zugestehen, setzt die Abnabelung und damit der Schock der chinesischen Mütter oft deutlich früher ein. Ein pubertierender Jugendlicher, insbesondere männlichen Geschlechts, ist dann nicht mehr *ke'ai*, sondern meist nur noch *taoyan*, »fürchterlich«, und gemeinsame Ebenen gehen in alltäglichen Streitereien oder in gegenseitiger Missachtung unter. Wenn chinesische Jugendliche dann entdecken, was sie selbst als liebenswert empfinden, schauen sie in dieser Zeit häufig Mangas oder Anime-Filme aus dem nahen Inselreich der »aufgehenden Sonne« an.

Dieses Japan selbst ist *kawaii* und benutzt dafür exakt die beiden gleichen Schriftzeichen, verlängert um ein einziges Hiragana-Silbenzeichen. Die japanische Note eben. Japan hat das *ke'ai*-Sein perfektioniert, zur Mode und Verkaufsschlagern entwickelt und dabei sogar Hässliches liebenswert gemacht. Das ist vermutlich eine der größten kulturellen Leistungen des Ostens. In Kyoto sind es die Minibaustellen, die ihren Anspruch, No-go-Territorien zu sein, mit Absperrungen aus Plastikhasen und -fröschen verniedlichen. Dazu kommen dann passende Minibagger, die in XXL-Ländern, wie den USA, als Kinderspielzeuge durchgehen könnten. Selbst etwas Hartes wie das Bauen mit grauem Beton schmückt sich so mit dem Charme kindlicher Sandkastenspiele. Die Stadt Kyoto wirbt mit winkenden Plüsch-Fernsehtürmen und Plüsch-Geishas als Maskottchen, und selbst der Bürgermeister verniedlicht sein Konterfei als lustige Manga-Figur mit roten Wangen auf der Visitenkarte. Das Liebenswerte wird ganz zum Niedlichen hin verschoben und versucht so den Veränderungen der letzten Jahrzehnte ihren betongebildeten Ernst zu nehmen. Noch immer entlockt es mir ein Lächeln, wenn eine 25-Jährige mit großer Schleife im Haar und pinkfarbenem Täschchen kichernd durch die Straßen stöckelt. Die Augen sind groß geschminkt, vielleicht operativ vergrößert und westlich gerundet, denn die, freilich überzeichnete Kopie des Westens, ist ein Grundelement des *kawaii*.

Kawaii und nicht Toyota oder Canon ist seit Jahrzehnten Japans erfolgreichstes Exportphänomen. Selbst in Zeiten wirtschaftlichen Niedergangs hat das Konzept Bestand und erfreut sich in und außerhalb des Landes größter Beliebtheit. Zu seinen erfolgreichsten Produkten gehören neben unzähligen Modeaccessoires Mangas und Zeichentrick-Anime. Ich selbst bin damit aufgewachsen: Großäugige Zeichentrickfiguren gehörten zu den kleinen Freuden meiner Kindheit. Besonders die 1974 produzierte Trickfilmserie *Heidi* gewöhnte die Kinder in Deutschland an babygroße, strahlende Augen und rundliche Proportionen. Die Heidis der eigenen Mutter wirkten bald altbacken dagegen.

Der Aufwand der Zeichentrick-Produktion war nicht zu verachten. Die Macher der japanischen Serie *Arupusu no shojo Haiji* über das *Alpenmädchen Heidi* bereisten intensiv alle Orte in der Ostschweiz, in der Johanna Spyris Romanvorlage spielte, und kopierten sie mit perfektionistischer Akribie in den unverkennbaren

Manga-Stil: Bad Ragaz, Maienfeld, Dörfli und wie die Schauplätze des Romans nun einmal hießen. Hier wurde nichts dem Zufall und nur wenig der zeichnerischen Freiheit überlassen, so dass die Schweizer Schauplätze sich originalgetreu in Zeichentrick-Nachahmungen verwandelten. Wir gewannen Großaugen-Heidi lieb, die Japaner verniedlichten ihre geliebte Alpenromantik im Manga-Stil.

Seit der Antike erkennt man in den Augen den »Spiegel der Seele«. Ich erinnere mich recht gut, dass gerade Mädchen wie meine liebe Schwester diese Heidi-Augen liebten, genauso wie die der Monchichi-Püppchen, die eine boomende japanische Spielzeugindustrie bald auf den europäischen Markt brachte. Weitere Zeichentrickserien namens *Die Biene Maja* oder *Pinocchio* festigten die Gewöhnung an den neuen Comic-Stil aus Japan. Alle diese Lieblingssendungen meiner Kindheit, feste Rituale zur späten Nachmittagszeit, waren japanische Produktionen nach europäischen Kinderbuchvorlagen.

In Japan sind *kawaii*-Phänomene seit den 1970er Jahren des letzten Jahrhunderts unüberschaubar. So unüberschaubar, dass der Psychologe Doi Takeo als Zeitzeuge bereits das Jahrhundert des Kindes beschwor. Er sah diese Zeit bestimmt von einer Vielzahl von Menschen, die niemals erwachsen werden wollten. Die *kawaii*-Welle war die japanische Antwort auf die politisch inspirierte Protestwelle der 1968er. Dabei ist sie wesentlich langlebiger und mindestens genauso bedeutsam und kulturbildend wie die *wabi-sabi* und schlichte Ästhetik japanischer Gärten und Architektur, die man als die ernstere oder *yang*-Seite japanischer Kultur bezeichnen könnte. *Kawaii* ist das Yin, das Gegenkonzept, das sich mit der »ernsten Japan-Ästhetik« zu einem Ganzen verbindet: schrill und bunt, »klein, weich, kindlich-infantil, rund« und auch »asexuell, stumm, unsicher, hilflos oder verwirrt«.[1] Sharon Kinsella bezeichnete Japans Kindkult als »eine sentimentale Reise in eine idealisierte Kindheit«. Entsprungen den antitraditionalistischen 1970er Jahren, war das die östliche Variante einer »No Future«-Bewegung von »Kindbewegten«, die die Evolution in eine stressige, freudlose Zeit des Erwachsenseins nicht mitmachen wollte. Japan gebar die »kidults« oder erwachsenen Kinder. Anders aber als Oskar aus Günter Grass' *Blechtrommel*, der zwergwüchsige Protesttrommler gegen die Erwachsenenwelt, verhielten sich diese bewusst »Zurückgebliebenen« des Ostens weit weniger konfrontativ.

Heute macht das *kawaii*-Phänomen selbst vor manchen Frauen jenseits der 50 nicht halt, die sich in schriller Abgrenzung zu ihren traditionell eingestellten Altersgenossinnen im Kimono-Look lieber in langen Ringelsöckchen und bunt geschminkt in der Öffentlichkeit sehen lassen. Sie bilden eine besondere Gruppe extremer »Kidults«, die ihre jugendbewegte Zeit am liebsten mit »Hello Kitty«-Geldbörse für immer festhalten möchte, anstatt wie ihr Gegenüber im Westen die Mao-Begeisterung von einst zu verklären.

»Hello Kitty« ist schon ein Phänomen, das weltweit seinesgleichen sucht. Nicht dass dieses mundlose Kätzchen mit rotem Schleifchen im Haar übermäßig originell wäre. Im Gegenteil: Eine holländische Firma wirft den Japanern vor, dass sie die »Hello Kitty«-Optik von ihrem Cartoon-Hasen Miffy kopiert hätten, der drei Jahre älter sei und dem Katzen-Dämchen von 1974 sehr ähnelt. Aber dahinter steckt am Ende nur der Neid des Erfolglosen, denn der westliche Miffy hatte nicht annähernd den Erfolg der östlichen Kitty. Konnte er auch nicht haben, denn »Hello Kitty« ist das Symbol des *kawaii*-Phänomens der ewig jung gebliebenen »Kidults«, jener ewig kindlich bleibenden Menschen in Ostasien, die sich mittlerweile ihr komplettes Wohnungsinventar mit Kitty-Kätzchen ausstatten könnten, wenn sie wollten. Vom Schlüsselanhänger bis zum lebenswichtigen Toaster und praktischen Staubsauger ist alles in »Hello Kitty«-Optik zu haben.

Natürlich ist das Kätzchen ohne Schnäuzchen seit vielen Jahren weltweit ein Exportschlager, aber weit eindrucksvoller konnte die japanische Erfolgsgeschichte in der chinesischen Welt fortgeschrieben werden. Das *kawaii*-Phänomen eroberte zunächst Taiwan und dann, seit den 1990er Jahren, auch das Festland. »Hello Kitty«-Themenparks entstehen, und auf Taiwan können sich Schwangere gar in der sicheren Obhut des niedlichen Kätzleins entbinden lassen.

China ist wie Korea und Teile Südostasiens hochgradig *kawaii*-infiziert. Die kulturelle Nähe macht das

Virus leicht übertragbar, die Blutgruppen sind offenbar kongruenter, als man sich das in politischem Trotz zugestehen möchte. Japan war und ist hier Trendsetter, absolut »kopierenswert«. Ratlos fragen sich junge Chinesisch-Lerner aus Deutschland im Internet-Chat, warum sich so viele Altersgenossinnen aus dem Reich der Mitte so gern *ke'ai*, also niedlich, zeigen, obwohl doch viele von ihnen schon auf die 30 zugehen. Sie tun das zum einen, weil sie sich an den Trends der Masse orientieren, also Bewährtes und Erfolgreiches wieder einmal nachahmen – sie tun es aber auch, weil das Unschuldig-Kindliche gerade bei vielen chinesischen Männern (früher vielleicht auch einmal bei japanischen, aber die sind selbst mittlerweile schon »kawaii« geworden) Schutzverhalten auslöst und Sex-Appeal besitzt. Ich habe es selbst erlebt und weiß, wovon ich rede, wenn man mit Mitte 20 auf einmal wieder das Gefühl hat, in einer neuen Beziehung Teenager-Jahre erleben zu dürfen.

Nichts kann für sich allein existieren. Der Mann braucht eine Frau, um zu sein, was er ist, und ich wage zu behaupten, dass das sogar umgekehrt gelten könnte. Alles hat ein passendes Gegenstück, etwas, das passt, um die Welt wieder als Ganzes erscheinen zu lassen. Das gilt insbesondere für die Kulturen Ostasiens, die zu jedem *yin* ein passendes *yang* kennen. Wenn ich *kawaii* als eindeutig *yin*, also weiblich betont, empfinde, liegt das nicht zuletzt an »Hello Kitty« oder den Blümchensandaletten der Firma Sanrio, die in den frühen 1970ern die japanische Flower-Power-Zeit des *kawaii* einleitete. Das passende männliche Gegenstück dazu ist die traditionell eingestellte Gesellschaft mit ihren konfuzianischen Werten. Man könnte auch sagen, dass »jung und weiblich« der *kawaii*-Bewegung der »alte und männlich« dominierte Ernst einer strikt organisierten Berufs- und Familienwelt entgegensteht. Das Pendel ist in die andere Richtung ausgeschlagen – aber beide Richtungen gehören zusammen, wie so vieles scheinbar Widersprüchliche im »Fernen Osten«. Nur in einer der fünf konfuzianischen Beziehungen, den *wulun* – der schon aus Fortpflanzungsgründen notwendigen zwischen Mann und Frau –, spielte die Frau eine Rolle. Dabei befand sie sich aber gleich in dreifacher Abhängigkeit: vom Vater des Ehemanns, vom Ehemann selbst und nach dessen frühem Tod – demografisch wahrscheinlicher – dann von ihrem ältesten Sohn. Abhängigkeit war ein Kennzeichen des Zusammenlebens bis in die Gegenwart hinein – die Frau konzentrierte sich auf die Familie. In den vormodernen Gesellschaften des Ostens wurde jungen Menschen mit Bildung jahrzehntelang beigebracht, wie man sich richtig zu benehmen habe, was die Grundtugenden des menschlichen Miteinanders seien, wie man sich gegenüber dem Älteren entsprechend zu verhalten habe. Das wurde immer und immer wieder geübt – das Nachahmen althergebrachter Vorbilder gehörte zur täglichen Aufgabe von Frauen und Männern. Der Mensch wurde darauf getrimmt, sich an andere anzulehnen, von anderen zu lernen. Das ist das Grundprinzip des konfuzianischen Denkens, das sich – vielen Kritiken und Gegenbewegungen zum Trotz – bis heute im Osten erhalten hat. Korea ging sogar so weit, den Konfuzianismus 1995 kurzerhand zur Religion zu erklären, obwohl er mit dem Jenseits wenig bis nichts zu tun hat. Weit mehr hat es damit zu tun, wie man das Alte dieser fünf zentralen menschlichen Beziehungen durch »immer wieder Üben« lebendig erhält. Da musste der Untertan dem Herrscher sich unterordnen, wenn dieser ihn dafür mit einem funktionierenden Staatswesen beglückte, was er oft genug nicht tat. Die Frau hatte den Worten des Mannes zu gehorchen, Bildung und Beruf waren ihr verwehrt. Der ältere Bruder war nach dem Vater der »zweite Herr im Hause«. Die Jüngeren hatten sich zu fügen, und die Schwestern in China tun heute noch vieles, damit es dem großen Bruder gutgeht. Selbstredend, dass auch Söhne den Vätern zu gehorchen hatten – nachdem auch die Töchter spätestens im 20. Jahrhundert in das Bewusstsein des Ostens rückten, galt das auch für die Töchter. Dafür finanziert dieser dann auch großzügig und mit allem, was er hat, die Ausbildung der Sprösslinge.

Die klassischen Gesellschaften des Ostens waren durch ihr strikt vertikales System gegenseitiger Abhängigkeit außerordentlich stabil. Die jeweils Untergeordneten kennzeichnete ihr Zustand der »Unmündigkeit«, ähnlich dem *kawaii*-Kätzchen Kitty, das ja auch heute nicht ohne Grund keinen Mund besitzt. Ausbrüche und die Suche nach dem Selbst waren selten, wurden streng bestraft und bedeuteten oft genug das Scheitern der Familie. Man fügte sich und lehnte sich an. Das nahm bisweilen bizarre Züge an, wenn erwachsene Männer mit Leichtigkeit wie ein unmündiges Kind von Greisen, die ihre Väter oder Vorgesetzten waren, geohrfeigt wurden. Frauen verlegten sich gern auf das Kokette, um bei ihrem »Vorgesetzten« etwas zu erreichen. Auch hier dringt das Kindliche auf merkwürdige Weise durch – in den Verhältnissen einer Abhängigkeit, die der japanische Psychologe Doi Takeo für die japanische Gesellschaft mit dem Begriff des Süßen, japanisch *amae* genannt, beschrieb. Alte konfuzianische Abhängigkeiten und ein ritualisiertes, auswendig gelerntes und immer wieder kopiertes Verhalten sind die traditionelle *yang*-Ausprägung dieses *amae*-Abhängigkeitsverhaltens, so wie *kawaii* und die ihm eingeschriebene »Süße« die moderne Gegenbewegung ist, die wiederum ganze Generationen verbindet. *Amae* ist ebenfalls polar, besteht aus der alten Bewegung des Konfuzianischen und dem neuen »Protestphänomen« des übertrieben Kindlichen. In beiden spielt das Kind im Sinne des Abhängigen und Unselbstständigen eine zentrale Rolle.

Trotz oder wegen der Schwierigkeiten mit dem Erwachsenwerden ist *ke'ai*-Sein ein besonderes Gefühl Ostasiens. Es gibt einem manchmal ein Gefühl von Sicherheit. In Japan beginnt das mit der absoluten Pünktlichkeit von Zügen, der Sauberkeit der fast niedlichen

grünen Samtsitze, der Rundumversorgung mittels Con-
venient Stores, kurz *konbini* genannt, und Getränke-
automaten, die praktisch nie defekt sind. Selbst beim
intimen Toilettengang endet die unsichtbare Fürsor-
ge nicht, denn auch dort ist für alles gesorgt, was die
Notdurft angenehmer macht. So weit geht China noch
nicht, doch ein Grundgefühl der Geborgenheit existiert
selbst im Lande des Milliardenvolkes. Eigentlich ist immer jemand da, der weiterhilft, wenn es wirklich ein
Problem gibt. Auch das ist absolut liebenswert – *ke'ai* in
einem anderen Sinne vielleicht.

»Ich habe etwas Angst davor, in Deutschland zu leben«,
gestand mir mein Sohn einmal, der in Shanghai geboren wurde und fast ausschließlich das Leben in China
kennt. »Warum?« – »Die Deutschen scheinen so kompliziert – Chinesen sind so …« Er suchte nach einem
passenden Wort: »So einfach.«
    Damit traf er genau die Worte des Schriftstellers Gu
Hongming (1857–1928). Im Vorwort zu seinem 1924
auf Deutsch erschienenen Buch *Der Geist des chinesischen Volkes*² beschreibt er den »wahren Chinesen« als
einen Menschen, der sich durch drei große Eigenschaf-
ten auszeichne: Tiefe, Großzügigkeit und Einfachheit.
Ob Tiefe und Großzügigkeit besonders hervorstechen-
de chinesische Charaktereigenschaften sind, darüber
kann ich heute nicht mehr mit Herrn Gu streiten – aber
in letztem Punkt stimme ich nach über 20 Jahren in
China mit Gu und meinem Sohn überein: Chinesen

faszinieren durch eine besondere Art von Einfachheit. Es ist genau diese Einfachheit, die Deutsche aufgrund ihrer Eigenschaft, Dinge kompliziert zu machen, nicht verstehen könnten, meinte Gu mit tiefer Überzeugung. Vermutlich hatte er so etwas wie die deutschen Steuergesetze dabei im Blick und die geflissentlichen Bemühungen deutscher Bürger, sich mit Hingabe (oder Selbstaufgabe) auf solche Komplexitäten einzulassen. Vielleicht sah er aber auch den klassischen deutschen Denker vom Schlage eines Hegel oder Kant vor sich, die andere Kulturen, unter anderem die Chinas, gern zu sezieren pflegten. Ich weiß nicht, was sich Gu dabei dachte, doch bemerkenswerterweise entspricht sein Urteil der spontanen Äußerung meines Sohnes. Ich nehme das sehr ernst und empfehle uns Deutschen nur, uns von all dem faszinieren und anziehen zu lassen, was Chinesen als liebenswert empfinden. Selbst mit gebratenen Hühnerfüßen sollte man es ruhig einmal probieren. Das erleichtert das gegenseitige Verstehen immens, und vielleicht mögen wir uns dabei am Ende gar noch selbst.

Was Gu unter Einfachheit versteht, heißt auf Chinesisch *chunpu*. Der Begriff *chunpu* ist jedoch mehr als Einfachheit, denn er enthält genau jene Reinheit oder Unschuld, die kleine Kinder ausstrahlen, mein Lieblingsgemüseverkäufer auf dem Bauernmarkt von Xujing oder auch die junge Frau im Nanjinger Park des Jahres 1992, mit der ich gemeinsam picknicken durfte. *Chunpu* ist aber auch die Einfachheit des Gemüseverkäufers auf dem Bauernmarkt um die Ecke, der mir klarmacht, dass er mir ganz sicher nicht mehr Geld abnimmt als der chinesischen Kundin neben mir, nur weil ich Ausländer sei. Ob er es nun tut oder nicht – die Augen strahlen mich dabei an. *Chunpu* hat neben dem Kindlichen auch etwas ursprünglich Bäuerliches, eine Schlichtheit, wie sie Kulturen hervorbringen, die noch eng mit der Scholle, mit der Erde verbunden sind, auf der sie entstanden sind. Ihre Vertreter lachen mich auf überlebensgroßen Fotografien im nahegelegenen Supermarkt an, die mir beweisen sollen, dass dort nicht kontaminierte Lebensmittel verkauft werden. Solche bäuerlichen Gesichter sind weder niedlich noch anmutig oder schön. Sie haben weder den *ke'ai*-Appeal von Kindern noch den junger Frauen – aber sie sind trotzdem *ke'ai*. Warum? Ich glaube, weil sie wesentlich von dieser Einfachheit durchdrungen sind, von der Gu Hongming schrieb, als er versuchte, die Anziehungskraft der Chinesen auf sich selbst, den aus dem »Exil« Zurückgekehrten, zu beschreiben. Solange diese Einfachheit nicht mit dem schnellen Urbanisierungsprozess untergeht, so lange wird es in China mit Sicherheit weiterhin viele Menschen mit *ke'ai*-Appeal geben wie die 25-Jährige neben einem leeren Nudelverkaufsstand, die auf die Frage, wo denn der Nudelverkäufer sei, lächelnd antwortet: »Ich bin doch die Nudelfrau«; wie der 55-jährige Gemüsehändler drei Stände weiter, der strahlend und ganz frei von Frust erzählt, dass er schon 40 Jahre lang Gemüse immer zu reellen Preisen verkaufe, aber dabei immer noch nicht reich geworden sei; wie der 25-jährige Friseur, der mir die Haare schneidet und mein Silberhaar so »gutaussehend« findet, dass er es kaum zu berühren wagt, um es in Form zu schneiden; wie die Bauarbeiter, die mit allem, was sie haben, Arm in Arm über die Kreuzung laufen und sich dabei immer wieder lachend Scherze zurufen; wie die Frau, die sich kurz nach der Scheidung mit ihrem Exmann zu einem Erinnerungsfoto trifft und danach sagt: »Ab jetzt sind wir einfach gute Freunde«; wie die Beamtin im Büro zur Ehescheidung, an dessen Wänden ganz ohne Ironie Fotos glücklicher alter Ehepaare hängen, die erzählen, wie gut sie sich im Alter doch noch miteinander verstehen und zusammenbleiben wollen; wie die jungen Mädchen, die sich beladen mit Blumen am Ankunfts-Gate in Pudong versammeln, um ihren in japanischer *kawaii*-Mode gekleideten Popstar aus Taiwan zu empfangen; wie der bekannte Gartenkünstler, der Gäste aus der ganzen Welt mit bestem Tee bewirtet und ihnen dann stolz ein jedes Detail seines privaten Gartens beschreibt.

Mein »Ai-Phone«

Chinas große Liebe fährt am liebsten U-Bahn. Und wird beim U-Bahn-Fahren gestreichelt, betatscht und begrapscht. Sie wird hemmungslos angestarrt, minutenlang, sogar stundenlang, wenn die Fahrt lang genug ist. Mittlerweile kann man kreuz und quer unter Shanghai hindurchfahren, ohne jemals zu sehen, wie es denn an der Oberfläche aussieht. Wem genügend Zeit zur Verfügung steht, mit der Geliebten gleich ein paar intime Stunden unter der Erde zu verbringen, wird die Gelegenheit dazu finden, denn Shanghai bietet aktuell das längste U-Bahn-Netz der Welt. Die Geliebte verfügt über ein perfektes Make-up, und das kommt bei ihren jungen Verehrern besonders gut an.

Das ist die Stärke der Geliebten, die genauso oft ein Geliebter ist. Sie ist eigentlich geschlechtsneutral und liegt damit sogar im ostasiatischen Trend, denn seit einigen Jahren favorisiert die Jugend Chinas, Japans und Koreas eine Art geschlechtsneutrales Outfit, das zu Frauen und Männern, Mädchen und Jungen gleichermaßen passt. Also nennen wir sie, die Geliebte, lieber »es«. »Es« ist anpassungsfähig und flexibel. »Es« lässt sich in alle Farben kleiden, die sein Partner oder seine Partnerin mag. »Es« macht sogar jeden Fetisch mit. Besonders beliebt ist der *kawaii*-Fetisch, der »ihm« dann sogar Hasenohren oder Ähnliches wachsen lässt.

Die Geliebte ist auch immer gut für eine »Dreiecksbeziehung«. Oft schenken zwei, die miteinander liiert sind, auch »ihm« ihre Treue, halten »es« gemeinsam in Händen, schauen ihm fasziniert in sein Gesicht, das sich fortwährend ändert. »Es« ist gut darin, Träume zu verbreiten, Träume von Welten, für die man keinen realen Raum benötigt. Träume und Liebe gehören zusammen.

Viele, die ich in der U-Bahn beobachte und die nur mit »ihm« verbunden sind, träumen. Die Außenwelt haben sie zurückgelassen, denn allein »sein Gesicht« unterhält sie. Ein wenig kann ich die vielen Verliebten hier unten verstehen. Was gibt es schon in der realen Welt zu erleben, durch die sie ihre Körper Tag für Tag bewegen müssen, um zum Beispiel das Geld zu verdienen, damit sie sich ihre Geliebte, ihren Geliebten leisten können? Baustellen, Lärm, Menschenmassen, endlose dunkle U-Bahn-Schächte und wieder Autos, Lärm, Beton, Menschenmassen. Wie viel mehr hat »es« da doch zu bieten.

Liebe heißt auf Chinesisch *ai*. Und Chinesen sind wie Menschen überall auf der Welt auf der Suche nach Liebe. Und genauso suchen sie nach etwas, an das sie glauben können. Viele befriedigen den Wunsch mit dem Beitritt zu einer religiösen Gemeinschaft. Auch in China. Doch der weitaus größere Teil glaubt hier, wie schon zu alten Zeiten, an den Geldgott. Und der Geldgott sieht am besten aus, wenn er sich in luxuriöse Marken kleidet. Genau wie an Religionen kann man an Marken glauben, aber Marken sind einfacher zu besitzen. Man kann sie einfach kaufen.

Chinas Suche nach etwas, an das es glauben und das es lieben kann, war das große Glück der amerikanischen Computerschmiede Apple. Denn die konnten den suchenden Menschen in Chinas Riesenstädten mit dem *ai*-Phone endlich den passenden Partner beziehungsweise die passende Partnerin bescheren. Sie trafen dabei perfekt den chinesischen Geschmack. Man delegiert seine Träume lieber an einen Begleiter, mit dem man viel häufiger, intensiver und auch länger in Blick-, Fühl- und Hörkontakt steht als mit dem *ai-ren*, wörtlich dem geliebten Menschen, dem Ehepartner, der oft neben einem sitzt und das Gleiche tut wie man selbst. Das junge Paar mir gegenüber hält intensiv Blickkontakt mit zwei 15 x 6 cm großen Metallbarren, die ihre Blicke fesseln. Offenkundig sind sie frisch in sie verliebt, Blickkontakt, solange der Akku hält, denn sie können mit ihnen in bunten Welten spielen, die so viel netter aussehen als die schwarze Röhre, durch die sie viele Stunden ihres Lebens täglich fahren, weiß beschienen von künstlichem Neonlicht.

Seit der Erfindung des Smartphones hat der Mensch es verstanden, alle Sinne mit diesem kleinen Gerät anzusprechen. Man kann es berühren, fährt mit den Fingern manchmal zärtlich über seine oft hochglänzende Oberfläche. Wie unangenehm doch im Vergleich dazu die menschliche Haut sein kann, wenn sie im Shanghaier Sommer von einer unvermeidlichen Schweißschicht überzogen wird. »Fass mich bitte nicht an«, sagt sie daher nachdrücklich und zuckt zurück, als er sie mit seiner Hand berühren möchte. Bevor beide aussteigen, ruft sie dem Geliebten in ihren Händen nochmals ein paar Sätze zu und steckt ihn dann in ihre Handtasche. Für wenige Minuten oder vielleicht auch nur Sekunden. Der andere folgt ihr, mit der eigenen Partnerin in seiner Hand. Hören können beide ihre kleinen Partner eigentlich auch ständig. »Es« antwortet ihr, fiept, gurrt, klingelt, flötet. Ja, riechen kann man das neue Gerät auch, denn viele Hüllen, in die man »es« kleiden kann, duften – nach Vanille oder einer Zitrusnote – ganz nach deinen Wünschen. Die immer größeren Displays machen den elektronischen Partner immer attraktiver. Er wird dadurch bunter und immer mehr *ke'ai*, denn genau wie sich Manga-Fans die Augen immer größer schminken, um dabei mehr *ke'ai*-Appeal zu erlangen, so folgen auch die Phone-Konstrukteure diesem Trend. Zunächst waren es die Koreaner, die die Sinne ihrer Landsleute und dann der gesamten Welt mit immer größeren Smartphone-Displays einnahmen, nun sind auch die Fetischvermarkter aus dem kalifornischen Cupertino gefolgt. Mit gewaltigem Erfolg.

Als im September 2014 das neue iPhone 6 auf den Markt kam, schwärmten liebeshungrige Chinesen in die USA aus, um vor den Verkaufshallen Schlange stehen zu dürfen. Wie um eine echte Geliebte prügelten sich physisch erwachsene Männer um die Heißbegehrte[3]. Manche Studierende vermieteten vor der Einkaufstour nach Amerika sogar ihre Freundin aus Fleisch und Blut zum Stundentarif an interessierte Singles – ihr Einverständnis selbstverständlich vorausgesetzt –, um sich ihre elektronische Partnerin und den Flug nach Übersee überhaupt leisten zu können.

Das klingt zugegeben etwas verrückt, und iPhones werden selbstverständlich nicht nur in China geliebt.

Auch so manch ein Nichtchinese hat seine spezielle Phone-Verehrung entwickelt. Aber in China ist der Fetisch besonders entwickelt. Zwei Gründe scheinen mir diese Liebeswelle ausgelöst zu haben: den einen hat Xin Haiguang, der Verfasser des bereits zitierten Internet-Artikels, deutlich genannt: »Chinesen«, so schreibt er, »haben einen religiösen Kult entwickelt – es ist der Kult um das Luxusprodukt.« Dieser Kult passt gut in die vielfach beklagte Glaubensleere der chinesischen Gegenwartsgesellschaft. »Wir Chinesen haben keinen Glauben« – wie oft habe ich diesen Satz von Freunden und Bekannten gehört. Mit den Luxusmarkenprodukten konnte das Problem teilweise gelöst werden. Das neue »Goldene Kalb« ist nun überall auf der Welt verfügbar. Man kann einfach hinfliegen und um es buhlen – so wie die vielen Chinesen, die sich täglich im Schweizer Luzern in den Geschäften der Luxusuhren-Manufakturen tummeln. »Man muss nicht darüber streiten, ob das iPhone ein Luxusprodukt ist oder nicht«, schreibt Xin Haigang weiter, »wichtig ist, dass Chinesen es genau so behandeln.«

Der zweite Grund ist ähnlich wichtig: Die Liebe zum *ai*-Phone erklärt sich nicht allein aus dem neuen Glauben an den Fetisch Luxusprodukt, der Allround-Kommunikator befriedigt auch Wünsche und Sehnsüchte, die der Partner aus Fleisch und Blut zunehmend nicht mehr erfüllen kann, weil er keine gesprächsrelevanten Inhalte mehr schafft, sondern nur noch selbst konsumiert. Die Folge wäre ein oft unangenehmes Schweigen, das nur der Partner *ai*-Phone verhindern kann. Das ist ein echter Teufelskreis, in dem der chinesische Liebhaber sich befindet. Das *ai*-Phone hat ihn unfähig zur sinnstiftenden Kommunikation gemacht, aber seine Möglichkeiten stiften auch wieder Sinn, den sein menschlicher Partner braucht, um kommunizieren zu können.

Bleibt schließlich noch der Sex. Auch da scheinen sich Lösungen abzuzeichnen. In Japan erklärten junge Menschen in einer Befragung, dass sie sich vorstellen könnten, sexuelle Beziehungen über Avatare nur noch im virtuellen Raum einzugehen. Da kann man sich schließlich die Traumfigur schaffen, die man wirklich lieben möchte – und sich selbst in eine solche Traumfigur verwandeln. *Ai*-Phone sei Dank!

Mutterlandsliebe

Am 1. Oktober strahlte die Sonne besonders hell über Shanghai. Sie war zwar schon lange nicht mehr so rot wie zu Zeiten des großen Vorsitzenden Mao Zedong, aber ihre politische Kraft hatte sie noch immer nicht verloren. Der 1. Oktober ist jener Tag, an dem die Partei die Menschen Jahr für Jahr auffordert, daran zu denken, dass sie China begründet hat. Für sie und viele junge Chinesen, die sich heute lieber im Internet als auf den grauen Straßen Shanghais tummeln, ist klar:

China wurde 1949 geboren: ein neues, starkes, gleich-
berechtigtes China, das den Amerikanern auf Augen-
höhe begegnet und der Welt zeigt, wie es den Traum
neuer Größe in die Realität umsetzt.

Ein zum Nationalfeiertag gedrehtes Video auf Chinas eigener Videoplattform und YouTube-Alternative
tudou.com zeigte dann auch ein starkes Reich mit eigenen Raketen, Flugzeugträgern und Hochgeschwindigkeitszügen, die locker mit 600 Kilometer pro Stunde
durch das Land donnern können. Dazu spielten über
300 Konfuzius-Institute auf der ganzen Welt das Lied
der chinesischen Softpower, auch Kultur genannt, die
die chinesische Sprache in den nächsten Jahrzehnten
zur zweiten Weltsprache hinter Englisch machen wird.
Ganz sicher. Es lebe das Mutterland! Einmal in das chinesische Internet eingedrungen, wurde ich Zeuge fol-
gender Liebeserklärungen: »Jedesmal, wenn ich unsere Nationalhymne höre, fließen mir die Tränen.« Die
kleine Kartoffel 438126931 war sichtlich gerührt von
dem Video, als unter den Klängen der Nationalhymne
die Fahne in den smogfreien Pekinger Herbsthimmel
aufgezogen wurde.

Stiller Krawall 1 antwortete darauf: »Ja, dann lass
mal fließen. Von Stolz hast du überhaupt keinen Plan.
Aus welch ärmlichen Zeiten kommst du denn daher –
solche Gefühlsduselei.«

Dreitausendfacher Überwinder 51BFE setzte noch
einen drauf: »Erst fangen sie für das große Zeremoniell
Tauben ein, dann lassen sie sie wieder fliegen. Das ist

doch bloße Verschwendung, ein reines Ritual, macht das Sinn?«

Der Belanglose Einsame antwortete brüsk: »Klar, du Arschloch!« Der Dreitausendfache Überwinder sah sich plötzlich verstärktem Internet-Mobbing ausgesetzt: »Wo kommt dieses verdammte Arschloch her?«, wollte nun auch die kleine Kartoffel Nummer 438126931 wissen. Andere mischten sich ein, entschärften »mit vielen Glückwünschen zum Geburtstag, liebes Mutterland«, dass der »Überwinder« Opfer eines Shitstorms wurde, der am Ai-Phone- und Android-Himmel aufzog. Stilles linkes Auge, eine echte Cyberwelt-Schönheit, sah sich genötigt, den mit zu wenig Mutterlandsliebe beseelten »Überwinder« aufzuklären:

»Das ist die Kraft des Glaubens – nicht einfach nur ein Ritual.« (»Weißt du«, hätte sie glatt hinzugefügt, wenn sie Amerikanerin und nicht Chinesin wäre.) »Die Massen Chinas benötigen diesen Glauben an das Mutterland, sonst werden wir zu einer Masse verirrter Seelen.« A Yun, die sich nicht recht entscheiden konnte, ob sie nun A Yun oder Vivien heißen wollte, pflichtete der »Netzschwester« bei: »Ich erinnere mich an einen Freund aus Hongkong, der am Tian'anmen bei der Zeremonie dabei gewesen war. Ihm flossen die Tränen – wirklich –, und bewegt sagte er zu mir: ›Yun, früher habe ich mich immer für einen Hongkonger gehalten, aber ab heute spüre ich, wie das Blut der chinesischen Nation durch meine Adern strömt. Chinese bin ich, jawohl, und darauf bin ich stolz.‹« Yun alias Vivien oder doch lieber Yun brach hier ab, denn nun kamen auch ihr die Tränen. »Alles Gute zum Geburtstag, liebes Mutterland«, schluchzte sie noch in die weite Cyberwelt hinaus. Aus der Ferne echote Xiu: »Ich hoffe nur, dass beim kommenden Zeremoniell nicht nur alle ihre Handys draußen haben und wild durch die Gegend fotografieren, sondern unsere Hymne mitsingen. Wenn erst einer einmal anfängt zu singen, dann traut sich auch der Nächste. Ich mach jede Wette: Dann lohnt es sich erst zu fotografieren. Solche Fotos machen erst Sinn …«

So ging es weiter und weiter. Die meisten, die sich im Netz zu Wort meldeten, waren unter 30 und Patrioten. Wer da nicht ganz mitmachen wollte, Desinteresse, Unverständnis oder gar Kritik äußerte, wurde gemaßregelt, konnte schnell zu einem *shabi* – der chinesischen Variante des Arschlochs – werden.

HASS

Der Hass der irren Gläubigen

Sie wusste, dass sie eine Göttin war. Umso mehr, als sie nun der Dämonin gegenüberstand, deren pulsierender Körper ihr stinkende Worte des Hasses entgegenschrie. »Sie muss sterben«, dachte sie. Sie muss sterben, damit die Menschheit weiterleben kann.

Schon seit Wochen hatte sie gefühlt, wie die Kraft des Bösen um sie herum immer mehr zugenommen hatte. Das Böse wollte sie, die Göttin, vernichten, sie und Lü, die andere Göttin, ihre wahre Schwester. Besonders schlimm schien ihr, dass ihre eigene Mutter eine Dämonin war, schlimmer als die, der sie nun gegenüberstand. Vielleicht hätte sie besser zunächst ihre Mutter getötet. Die Mutter hatte alles kaputtgemacht. Sie, ihren Vater, ihre jüngeren Geschwister. Die Mutter säte Zwietracht und verhinderte so, dass die Kraft des Allmächtigen Gottes ihre Familie fest miteinander verband. Doch sie hatte das verhindern können. Schließlich war sie eine Göttin. Und Lü Yingchun hatte ihr

dabei geholfen. Sie hatte Vater eine neue Freundin gegeben, mit der er nun verbunden war. Fest verbunden
mit heiligen Namen, die beide von Lü Yingchun erhalten hatten. Vater war an ihrer Seite, Vater tat alles, was
sie wollte, Vater war ein Lamm in den Händen der Göttin. Sie war die Göttin, die nun den Dämon bekämpfte,
der aus dieser Frau herausschrie. Also schlug sie zuerst
zu, schlug den Kopf des Dämonenweibes, und als die
Frau aufschrie, rammte sie ihr das Knie zwischen die
Schulterblätter. Der Dämon wehrte sich, blähte Bauch
und Brust der Hexe. Sie brauchte Hilfe, denn der Dämon war stark. Lü Yingchun war neben ihr. Sie half,
stieß den Fuß in die Hüfte des Weibes, trat in ihr Hin-
terteil. Die Frau krümmte sich, doch der Dämon verlieh
ihr Kraft. Sie richtete sich wieder auf. Ein wirrer Blick
aus großen, blutunterlaufenen Augen traf sie. Aus den
Mundwinkeln, die ihre Faust getroffen hatte, tropfte etwas Blut. Dunkel, zähflüssig. Das war kein Menschen-
blut. Doch der Dämon wehrte sich, zog sie an den Haa-
ren, umfasste mit den Klauen dieser Hexe ihren Hals.
Sie würgte und hustete. Ihr wurde schwindlig.

Vater musste helfen. Vater war stark genug, den Dämon zur Strecke zu bringen. Auch Lü Yingchun wusste das. Dies war eine heilige Aufgabe. Wenn es ihnen
nicht gelang, den Dämon jetzt und hier zu erledigen,
dann würde er sich über ganz China ausbreiten, die
Menschheit verschlingen. Sie schrie: »Schlag sie, Vater!
Schlag die Besessene! Bis der Dämon mit ihr verendet!
Bis kein Atem mehr diesem verseuchten Körper ent-

weicht!« Es ging um den Sieg des Allmächtigen Gottes über das Böse. Zhang Lidong, ihr Vater, Zhang Qiaolian, Vaters neue Frau, und ihre beiden Geschwister Zhang Hang und Zhang Tuo hörten ihre Stimme, die Stimme der Allmächtigen Göttin.

Vater tat alles, was sie ihm sagte. Vater war ein Lamm Gottes, ein Lamm, das zum Wolf werden konnte, wenn sie es ihm befahl. Sie befahl dem Wolf zu töten. Der Wolf schlug zu, mit aller Kraft. Er nahm einen Besenstiel und hieb auf den Kopf der Hexe. Die Haut platzte, Blut strömte hervor. »Dämonin!«, schrie sie. »Fahre aus diesem Körper und verende! Wir sind der Allmächtige Gott, wir alle sind gegen dich mit heiliger Kraft.« Vater raste, trat immer und immer wieder zu, schlug dem Weib den Besen in die Magengrube.

Zhang Lidong hatte viel Kraft gesammelt, damit aus dem »Lamm Gottes« ein reißender Wolf werden konnte. Er wusste, dass er heute töten musste. Schon gestern hatte er den Hund der Familie erschlagen. Sie hatte ihn dazu angestiftet, um seine Kraft für den Kampf mit Dämonen zu erproben. Er wusste, dass er recht gehandelt hatte.

Die Hexe bewegte sich nicht mehr, lag zusammengekrümmt am Boden. Blut lief über den Fußboden des McDonald's-Restaurants. Lü Yingchun reckte die Hände in die Luft: »Der Allmächtige Gott hat gesiegt«, schrie Lü Yingchun. Nun erst sah sie, dass noch andere Menschen hier waren. Sie hatten sich hinter der Theke versteckt, kauerten hinter Tischen. Einige hatten ihre Handys hervorgeholt. Sie filmten die Gruppe. Das durfte nicht sein, denn heilige Handlungen durfte man nicht filmen. Sie wollte das Handy des Mannes, doch der flüchtete. Und sie lief gegen eine Wand, die sie niederstreckte. Die Wand bestand aus Menschenleibern in blauen Uniformen. Plötzlich waren überall Polizisten. Die Polizisten drückten die Gruppe auf den Boden, rissen Vater die Hände über den Kopf. Sie wurden gebunden, in Handschellen gelegt.

Sie stöhnte auf, wechselte verzweifelte Blicke mit Lü Yingchun. Doch Lü Yingchun schwieg und ließ sich wortlos abführen. Diese Polizisten verstanden nicht, dass Göttinnen vor ihnen standen, die soeben die Menschheit gerettet hatten. Sie wussten nichts von dem Dämon, den sie gerade besiegt hatten. Sie wussten nichts von der Kraft Gottes, die in ihr war. Auch sie ließ sich abführen. Sie hatte keine Angst. Gott war in ihr. Sie selbst war eine Göttin. Göttinnen brauchten den Tod nicht zu fürchten.

Dies ist die Geschichte einer chinesischen Psychopathin, die voller Hass gemeinsam mit Vater, Geschwistern und zwei weiteren Frauen am 28. Mai 2014 in der Provinz Shandong eine Frau getötet hatte. Die Tat geschah in einer der unzähligen McDonald's-Filialen des Landes und erregte weltweit journalistische Aufmerksamkeit. Der Auslöser für den Mord war ein gescheiterter Rekrutierungsversuch für eine der immer zahlreicheren religiösen Sekten Chinas. Die Gruppe, bestehend aus der vierköpfigen Familie Zhang, der Freundin Zhang Qiaolian und einer Frau namens Lü Yingchun, hatte versucht, eine Frau für ihre religiöse Gemeinschaft namens *Kirche des Allmächtigen Gottes (quanneng shen jiaohui)* zu gewinnen und verlangte dafür ihre Handynummer. Die Frau weigerte sich energisch. Die beiden Anführerinnen der Gruppe glaubten daraufhin einen Dämon in der Frau zu erkennen – und ermordeten sie.

Die Tat wirkt so absurd, dass man geneigt ist, sie als Einzelfall unter Beteiligung psychisch gestörter Fanatiker abzutun, wären da nicht die weiteren Fälle aus früheren Jahren, bei denen Menschen zu Schaden kamen. 2012 propagierte die *Kirche des Allmächtigen Gottes* den Weltuntergang – eine in China seinerzeit übrigens sehr populäre Weltsicht – und organisierte gewaltsame Aufstände, bei denen ein psychopathisch wirkender Einzeltäter eine Frau ermordete und 23 Schüler einer Schule verletzte.[1] Weitere Aufstände und Tötungen fanden bereits seit 1998 statt. Zhao Wenshan, ein ehemaliger Physiklehrer, hatte die *Kirche des Allmächtigen Gottes* bereits 1990 gegründet. Seitdem sollen ihr »Millionen von Anhängern« folgen.[2] Ganz offensichtlich bilden hier zahlreiche psychisch kranke Menschen, wie Lü Yingchun und Zhang Fan, eine gefährliche Gemeinschaft.

Ähnlich wie Li Hongzhi, Gründer und Führer der im Westen gut bekannten Gruppierung Falun Gong, floh der Sektengründer aus China und fand in »Gottes gelobtem Land«, den USA, seine Zuflucht. Seine Bewegung hat sich zum Teil verselbstständigt, und manche Sektenmitglieder, die sich selbst in der Rolle eines Propheten oder gar gottgleichen Wesens sehen, erkannten den landesflüchtigen Zhao nicht mehr an. Lü Yingchun und Zhang Fan, die beiden Anführerinnen des McDonald's-Mordes, bezeichneten ihn als »Betrüger«.[3]

Die Bewegung *Kirche des Allmächtigen Gottes* ist nur eine unter einer immer größeren Zahl von Kulten und »okkulten Bewegungen«, die China seit dem Ende des 20. Jahrhunderts erobern. Besonders erfolgreich sind christlich inspirierte Bewegungen. Sie zeigen den Menschen, was gut und was böse ist, was man lieben kann und was man hassen soll. Ihre Prediger entstammen oft bäuerlichen Schichten und sprechen die Sprache des einfachen Volkes, wie jener selbsternannte Hauskirchen-Prediger, den ich in einer anderen Zeit, gar nicht so viel früher, und rund eintausend Kilometer entfernt, in der »Provinz westlich der Berge«, einmal interviewt hatte:

Er saß auf einem roh gezimmerten Schemel aus Bambus. Die nackten Füße steckten in alten Kunststoffsandalen, die Beine hatte er übereinandergeschlagen, die Arme dagegen wie Flügel angehoben, als gälte es, mit ihnen allem Irdischen zu entkommen. Flügel zu haben war nicht unwichtig, denn die Staatsmacht hatte mehr als ein Auge auf ihn geworfen. Heute aber hatte er keine Angst. »Sie werden nicht kommen«, sagte er. »Unsere Messe kann stattfinden.« Dafür hatten er und seine Gemeinde aus der Kreisstadt Pingyao in Shanxi sorgsame Vorbereitungen getroffen. Die Zeit bis zum Beginn nahm er sich für unser kurzes Gespräch. »Die Partei ist der rote Drache der Offenbarung«, sagte er. »Wir haben die Hexen unseres Ortes aufgespürt!« Ich war schockiert. Hexenverfolgung wie im europäischen Mittelalter. Und das mitten im »kommunistischen China«. Eine Windböe wirbelte den Lössstaub im Innenhof des alten Hauses auf. Ein böses oder ein gutes Omen? Mein Gesprächspartner lächelte: »Es gibt viele Hexen in den Dörfern der Umgebung. Alle sind von Dämonen besessen. Wir werden die Dämonen bekämpfen, werden sie beseitigen. Unsere Liebe zum allmächtigen Gott ist die Frucht unseres Hasses auf alles Böse.«

Das war auch schon das Stichwort für seine Predigt. Mittlerweile drängten sich Hunderte von Menschen in den Hof. An den Eingangstoren standen Wächter. Sie beobachteten aufmerksam, wer hineinging. »Ich bin schon oft von der Polizei festgenommen worden«, ergänzte mein Gesprächspartner. »Davor habe ich keine Angst. Doch wenn sie uns hier entdecken, zerschlagen sie unsere Kirche. Wir müssen vorsichtig sein. Der große rote Drache lauert überall.«

Damals hatte ich wenig auf diese Worte gegeben. Doch nachdem sich der Mord in dem McDonald's-Restaurant tausend Kilometer weiter östlich ereignet hatte, begriff ich den Zusammenhang: dieselben Symbole, dieselben Feinde. Der große rote Drache aus der Offenbarung des Johannes (12:3–4) war schon für den Sektengründer Zhao Wenshan Inbegriff des »Antichristen«, der kommunistischen Partei Chinas. Herrscher saßen traditionell in China auf dem Drachenthron, und der Sohn des Himmels wurde traditionell mit dem Symbol des Drachen versinnbildlicht. Ging es dem Menschen schlecht, dann war nicht selten die Politik des Drachen schuld an seiner Misere.

Die vielen Schreckensbilder und Dämonen der Offenbarung passen ausgezeichnet zur bäuerlichen Tradition Chinas, dessen viele Gottheiten und Dämonen noch heute in daoistischen und buddhistischen Tempeln zu finden sind. Wer arm ist, wer nichts mehr zu verlieren hat und gleichzeitig nach einer Orientierung in einer weitgehend wertelosen Gesellschaft sucht, findet in den anschaulichen Symbolen der christlichen Apokalypse reiches Material, Halt und Orientierung. Geschickt verstehen es zudem religiöse Führer wie Zhao Wenshan, vertraute Gewohnheiten mit dem religiösen Kult zu verbinden. Wer erfolgreich neue Anhänger rekrutiert, kann aufsteigen, sogar bis in gottgleiche Gefilde. Auch das war in China nichts Ungewöhnliches: Menschen, die Vorbildliches geleistet hatten, wurden oft in den daoistischen Götterhimmel erhoben, vorbildliche Beamte zu Küchen-, Geld- oder Stadtgöttern geadelt. Ein Leichtes also für entsprechend disponierte Menschen wie Lü Yingchun und Zhang Fang, sich ebenfalls für gottgleich zu halten. Schließlich hatten sie Freunde und Familien rekrutiert und zu Anhängern des religiösen Kultes gemacht.

China war und ist eine Gesellschaft, in der Erfolg häufig mit materiellem Reichtum gleichgesetzt wird. Und wer reich wird, so heißt es, ist glücklich. Verlockend daher auch das Versprechen vieler Sekten, das Einwerben besonders wichtiger neuer Anhänger mit Geld zu belohnen.[4] Kirchen wie die des Allmächtigen Gottes setzten Kopfgelder für jedes neue Mitglied aus. Auf dem Land wirken viele Menschen noch immer wie unbeschriebene Blätter. In ihrer Naivität halten sie Werbebotschaften, die ihnen ein besseres Leben versprechen, nicht selten für wahr. Zudem ist die Landbevölkerung häufig noch arm genug, um solchen Verlockungen erliegen zu können. Arbeitslose und Verlierer in der harten chinesischen Wettbewerbsgesellschaft sind auch hier anfällig dafür, einer religiösen Sekte beizutreten. Wer dem Kult erliegt, findet sich schnell in einer Welt wieder, die ihm vorgaukelt, was gut und was böse ist. Einmal fanatisiert, können selbst durchaus liebenswerte Menschen zu Vollstreckern des Hasses auf alle Andersdenkenden werden. Muss man dazu etwas hassen und vernichten, dann hasst und vernichtet man es eben. Eben noch *ke'ai*-Menschen, verwandeln sie sich zu *kewu*-Menschen. Menschen, die hassen und die man hassen kann. Liebe und Hass sind das große Gegensatzpaar der Gefühlswelt, beide sind die vermutlich intensivsten Gefühle, zu denen der Mensch fähig ist. Wer liebt oder hasst, geht selten den in China beliebten Weg der Mitte. Er radikalisiert sich. Hass ist der Hauptfeind einer eigentlich auf Ausgleich zwischen extremen Polen fixierten Kultur wie der chinesischen.

Und doch oder gerade deshalb gehört er zur Geschichte der chinesischen Sozialpsychologie: Denn kollektiv inszenierter Hass beschränkt sich nicht allein auf religiös motivierte Bewegungen. Gerade die kommunistische Partei Chinas kennt die Folgen politischer Radikalisierung nur allzu gut aus der eigenen Geschichte. Die Folge war extremer Hass auf andere Gruppen und besonders die Herrschenden des Landes, inszeniert in der »Großen Proletarischen Kulturrevolution« (1966–1976). Mao stilisierte sich dabei als der große Heilsbringer, den alle lieben sollten. Für seine Ideale opferte man sich, um das unglückliche Volk zu retten. Menschen, die Ideale für eine bessere, weniger korrupte und offenere chinesische Gesellschaft vertraten, ließen sich zu Hasskampagnen verleiten, wie der chinesische Regierungskritiker Wei Jingsheng aus eigener Erfahrung als sogenannter Rotgardist beschreibt:

»Die Roten Garden, denen ich mit einigen Dutzend Freunden 1966 beigetreten bin, waren eine Gruppe glühender Maoisten, die unzufrieden waren mit der augenblicklichen Lage. Wären sie normale Maoisten gewesen, dann hätte dies allein nicht ausgereicht, sie auch zu Rebellen zu machen. Aber die Mehrzahl dieser Leute war wie ich von der sozialen Ungleichheit erschüttert, und dies begründete bei ihnen eine Bereitschaft zum Opfer und eine Bereitschaft zum Kampf, die

aus ihnen eine Kraft machte, der man schwerlich bei-
kommen konnte. (…) Als Mao Zedong uns sagte, dass
sich auch in der sozialistischen Periode der Klassen-
kampf fortsetze und dass der Klassenfeind sich in die
Reihen der sozialistischen Führer eingeschlichen habe,
zogen wir daraus die Folgerung, dass alle Ungleichheit
und alles Unglück von diesem Klassenfeind, der sich
eingeschlichen hatte, käme, und wir warfen uns mit
aller Kraft in den Kampf, um diesem Klassenfeind an
die Gurgel zu springen.«[5]

Der große Feind Wei Jingshengs und der anderer
Kulturrevolutionäre war die sogenannte Clique an der
Macht. Diese deckte sich mit den Herrschenden der
Partei, die der Sektengründer Zhao Weishan als den
»großen roten Drachen« der Apokalypse betitelte. Wei
erzählt weiter aus den Zeiten der Kulturrevolution:
»Unsere Aktion ging nämlich davon aus, dass alle Menschen, die an der Macht waren, im Grunde Schweine-
hunde waren.«[6] Jeder wurde zum Objekt des kollekti-
ven Hasses: Verleumdungen, Bespitzelungen waren an
der Tagesordnung. Genau wie die Anhänger der *Kirche
des Allmächtigen Gottes* die Religion über die Familie
stellten, so stellten fanatische Rotgardisten die Politik
über Freunde und Verwandte: »Einige ältere Kader,
die wir recht gut kannten, [waren] plötzlich und über
Nacht ›Führer, die sich dem Kapitalismus verschrieben
haben‹, geworden.«[7]

Nichts fürchten die Herrschenden Chinas stärker als extremistische Bewegungen, die ihren Ausgang meist in ländlichen Regionen nehmen und vom Land aus die Städte erobern. Gegen sie sind intellektuelle, städtisch geprägte Dissidenten vom Schlage eines Ai Weiwei regelrecht bedeutungslos. Die Geschichte religiös geprägter Geheimgesellschaften von den sogenannten Gelben Turbanen im zweiten Jahrhundert bis zur *Kirche des Allmächtigen Gottes* in unseren Tagen ist lang. Sie waren und sind immer noch überall in China zu finden. Geheimgesellschaften gehören zur chinesischen Geschichte wie die »Söhne des Himmels« auf dem Drachenthron.

Ihre Führer ähneln sich über Jahrhunderte hinweg verblüffend. Zhang Jiao, der Gründer der Gelben Turbane, war eine Art Papst einer neuen daoistischen Strömung, die einen mythischen chinesischen Kaiser und den Philosophen Laozi zusammenbrachte und als neue Gottheit propagierte. Sein Reich sollte das des Großen Friedens *(taiping)* werden, das China endlich die ersehnte Eintracht brachte. Hong Xiuquan (1813–1864), der Begründer der Taiping-Bewegung, folgte dem Vorbild des Zhang Jiao und mischte christliche Elemente in seine Bewegung. Er selbst hielt sich daher für einen Sohn Gottes, den jüngeren Bruder Jesu, der auf die Welt gekommen war, um diese zu retten und ein neues Gottesreich des Friedens zu begründen, indem er die herrschende Regierung stürzte. Genau diesen Gedanken griff auch Zhao Weishan wieder auf: Sein neues

Reich des Allmächtigen Gottes soll die Herrschaft der Kommunistischen Partei ablösen. Ebenfalls sehr von sich überzeugt zeigte sich der 1952 geborene Begründer der buddhistischen Falun-Gong-Bewegung. In alter Tradition buddhistisch fundierter Geheimgesellschaften sah er in sich selbst die Wiedergeburt des historischen Buddha Shakyamuni, also von Siddharta Gautama höchstselbst.

Ob ihre Führer sich nun als Reinkarnationen des Buddha oder als christlicher Messias betrachten, ist allerdings nicht entscheidend. Das eine wurzelt in der Tradition des anderen, wie Jacques Gernet überzeugend gezeigt hat.[8] Weitaus wichtiger ist, dass alle diese Führer ein bestimmtes Charisma auszeichnet, mit dem sie die Menschen auf ihre Seite bringen. Das Charisma selbst benötigt die Religion als Hintergrund, um entstehen zu können. Hinzu kommt dabei oft eine strikt hierarchische, manchmal sogar militärisch anmutende Organisation der Geheimbünde mit Aufstiegsmöglichkeiten für die Anhänger. Im Charisma der Führer, in der Radikalität ihrer Weltbilder und in der guten Organisation der Geheimbünde liegt die Gefahr für die herrschenden Regierungen. Mit Schrecken musste die Kommunistische Partei feststellen, dass selbst viele ihrer Mitglieder den Verlockungen der Sekte Falun Gong erlagen. Der bisher erfolgreichste Geheimbundführer war Hong Xiuquan, dem es Mitte des 19. Jahrhunderts beinahe gelungen war, sein Taiping-Reich an die Stelle der damals herrschenden Qing-Regierung zu setzen.

Die fast allergische Reaktion der Kommunistischen Partei auf radikale Sekten und Geheimbünde wie die *Kirche des Allmächtigen Gottes* oder Falun Gong wirkt vor diesem Hintergrund leicht verständlich. So werden selbst psychisch kranke religiöse Fanatiker zu einem gewichtigen Faktor chinesischer Innenpolitik, gegen deren Hass die Partei nur ein Mittel zu kennen scheint: erbarmungslose Härte.

Shitstorm über Japan!

»Sie fragen mich, was ich von Japanern halte? Ganz einfach: Ich verabscheue sie. Sie sind Piraten, die immer wieder unser Land besetzen. Zuletzt haben sie unsere Diaoyu-Inseln zu ihrem Territorium gemacht. War das nicht schon immer so? Haben sie nicht seit vielen Jahrhunderten immer wieder unsere Küsten überfallen und unser Land geplündert? Sind sie nicht mit ihren Armeen immer wieder nach China eingedrungen? Nein, nein, mein Freund, ich sage Ihnen: Die Japaner verbreiten Unfrieden. Darauf verstehen sie sich. Japaner waren ein Übel, und ihre Nachfahren heute sind noch immer ein Übel. Ob ich damit übertreibe? Nein, gewiss nicht.

Die Japaner sind ein total schräges Volk: Wenn du stärker bist als sie, dann wollen sie von dir lernen. Schauen Sie einmal, was sie alles aus unserer ruhmreichen

Tang-Dynastie (gemeint sind die Jahre 618–906, M. H.) abgeschaut haben. Damals haben sie ihre besten Leute von den Inseln herübergeschickt, um uns Chinesen zu kopieren: Gedichte, Tanz, Musikinstrumente. Stammt alles von uns. Und Ihr Ausländer lernt all die komischen japanischen Namen, die sie den Kopien gegeben haben, und glaubt den Teufeln dann auch noch, dass sie das alles selbst erfunden haben. Ha, dass ich nicht lache. Ich sage Ihnen: Sobald sie sehen, dass ihnen ein Volk unterlegen ist, wollen sie es unterjochen. Japaner haben China ausgenutzt – und wie! Sie haben nur darauf gewartet, dass es mit unserer Kultur bergab geht. Dann haben sie zugeschlagen. Sie wollen ein Beispiel hören? Können Sie. Seit der Song-Dynastie[9] lauern sie auf ihre Chance, China zu besetzen. Sie sind ein Volk ohne Raum – Sie kennen das als Deutscher, nicht wahr? Ihr Herr Hitler hat das doch auch gesagt. Japanische Piraten überfielen unsere Küstenregionen, raubten unsere Schätze. Was sagen Sie? Wir Chinesen hätten da mitgemacht? Ja – Sie haben recht. Da gab es einige Opportunisten, die mit den Teufeln kooperiert haben. Das große Problem der Chinesen sind die Chinesen selber. Sie sind sich nicht einig.

Nein, nein. Die Japaner haben gewartet, bis sie 1895 Taiwan besetzen konnten. Vorher hat ihr Feldherr Yamaji Motoharu unsere Soldaten wie Tiere abgeschlachtet. Schon einmal etwas vom Massaker von Lüshun gehört? Das war der erste Massenmord. Sie haben gemordet und weitergemordet. Im 20. Jahrhundert haben sie dann ganz China besetzt, na ja, so gut wie zumindest. Das Massaker von Nanjing kennen Sie? 300 000 Tote. Wissen Sie, was der japanische Oberbefehlshaber Yasuhito damals verkündete? »Tötet alle Kriegsgefangenen.« Alle, verstehen Sie, ohne Ausnahme. Alle. Frauen und Kinder, Wehrlose. Ich war zweimal im Nanjinger Museum. Ich habe Bilder gesehen, auf denen Menschen ihr Grab selbst schaufeln mussten, in dem die japanischen Teufel sie dann lebendig begraben haben. Diese Teufel haben gelacht. In Ruhe Zigaretten geraucht, während die Schreie der Zugeschütteten langsam erstarben! Das sind die Japaner. Und kein Wort der Entschuldigung. Sie lecken nur ihre eigenen Wunden, die ihnen geschlagen wurden, als die Amerikaner endlich die beiden Atombomben auf sie abgeworfen haben.

Wir sind von klein auf antijapanisch erzogen worden. Lehrbücher und Lehrer haben es in uns hineingeimpft: Vergesst niemals die nationale Schande, welche die Teufel uns zugefügt haben. Ihr Deutschen wurdet gut erzogen: Vergesst nie das Leid, das ihr unter Hitler der Welt angetan habt. Aber die Japaner? Keine Verantwortung. Nichts dergleichen. Schweigen können sie, immer nur schweigen.

Mitleid? Nein. Sollen die leiden, die uns so viel Leid zugefügt haben. Ich sage Ihnen: Fukushima, der Tsunami, die Reaktorkatastrophe. Geschieht ihnen recht. Dabei hat unsere Regierung ihnen 2011 noch geholfen! Was sagen Sie? Auch die Japaner haben uns nach dem Wenchuan-Beben 2008 in Sichuan unterstützt? Ja, stimmt schon. Aber ich bleibe trotzdem dabei. Wenn damals die Amis nicht die Bomben geworfen hätten – ich wette, dass Blutlust und Kriegsdurst der Japaner bis heute nicht verschwunden wären.

Aber die Zeiten haben sich geändert. Ohne China ist Klein-Japan nichts mehr wert. Sie verlassen sich total auf ihren Export, sind von uns chinesischen Konsumenten total abhängig. Kauften wir eines Tages keine japanischen Produkte mehr, würden auf einen Schlag ein Drittel aller Japaner arbeitslos. Das Leben der Japaner liegt heute in den Händen der Chinesen. Und wenn sie Krieg wollen – bitte: Mit einer Milliarde Chinesen machen wir ihren heiligen Fuji platt, dass nie wieder Kirschblüten dort wachsen, und Tokio gleich mit. Ein Freund von mir hat mir gestern ein kleines Gedicht aufgesagt. Wollen Sie es hören?

›Japan ist gut, Japan ist prima – Japan, verdammt, krepiert an China. Japan ist nett, Japan ist fein – Japan verfällt von ganz allein.‹ Hehe, nicht übel, was? Klar gibt es eine Menge Chinesen, die heute Japan total gut finden. Das sind diese Japan-Schmeichler. Aber die Mehrheit denkt so wie ich: Wir hassen die Japaner.

Vor ein paar Tagen habe ich einen Artikel gelesen, den ein Chinese geschrieben hat. Wenn wir die Japaner beschimpfen, sie ›Teufel‹ oder ihr Land ›Klein-Japan‹ nennen, dann sollen sie uns auch ›Shina Men‹ nennen dürfen. Wer sich das Recht nimmt, andere zu beschimpfen, soll auch akzeptieren, selbst beschimpft zu werden, meinte der Typ, der den Artikel geschrieben hat. Akzeptiert – no problem, sage ich. Außerdem sei ›Teufel‹ doch für die japanischen Bürger heute, die mit dem Krieg nichts mehr zu tun hätten, nicht angemessen, schreibt der Kerl dann auch noch. Da bin ich nicht seiner Meinung. Er passt noch immer, sehr gut sogar.«[10]

Fast 80 Prozent aller Chinesen, die spontan im Internet danach gefragt wurden, ob denn die sehr geläufige Bezeichnung »Teufel *(guizi)*« für Japaner heute noch immer angemessen sei, sind der gleichen Meinung wie mein anonymer Gesprächspartner.[11] Der Hass auf Japaner grassiert in China noch immer und schwillt wellenartig immer dann an, wenn Streitigkeiten zwischen beiden Ländern auftauchen. Ein Streit um den Besitz von Felsblöcken im Ostchinesischen Meer namens *Diaoyu* oder *Senkaku*, wie die japanische Bezeichnung der Eilande lautet, beschäftigte Ende des Jahres 2012 Region und Weltpolitik gleichermaßen.

Wir springen mitten hinein in das späte 19. Jahrhundert und schauen zunächst an das andere Ende des eurasischen Kontinents. Auch in Europa war einiges los. England und vor allem Frankreich waren plötzlich mit einem Emporkömmling konfrontiert, der die Muskeln spielen ließ. Ein ewig zerstrittenes und zersplittertes Territorium von Wurstfressern, Schwarzbrotbäckern und Biertrinkern war gerade zu einer Nation zusammengeschweißt worden und entwickelte sich als neues »Reich« beängstigend schnell. Wozu sollte das noch führen? Die Etablierten auf dem europäischen Parkett runzelten die Denkerstirne. Noch vor wenigen Jahrzehnten war Deutschland überall und mild belächelt die »zu spät gekommene Nation«, die den Entwicklungen Europas hinterherhechelte.

Jedenfalls hatte es dieser »Herr Bismarck« geschafft, das Chaos weitgehend zu beseitigen, und seine Nachfolger schickten sich an, die technologisch-wirtschaftlichen Errungenschaften selbst der Engländer zu übertreffen. Klar, die Deutschen waren nicht nur Erfinder. Sie konnten auch gut kopieren. Warum aber auch nicht? Gute Gründe, voller Hochachtung auf die Leistungen ihrer europäischen Nachbarn zu schauen, gab es genug. Besonders hart hatte es die siegesverwöhnte Grande Nation getroffen. Sie wurde von den Deutschen bitter besiegt, musste die Belagerung ihrer Hauptstadt hinnehmen, litt Hunger. Auch das war eine Demütigung der neuen Art.

Dieser kurze Blick in die Vergangenheit Europas muss genügen. In Ostasien verliefen die Entwicklungen ähnlich, wenn auch noch weit dramatischer, denn China wurde zur gleichen Zeit, als Deutschland politisch wie ökonomisch erstarkte, von den Europäern gedemütigt, die in trauter Einigkeit fernab der Heimat einen chinesischen Hafen nach dem anderen öffneten, um Einfluss und Handelsabsichten geltend zu machen. Japan kannte man bis dato »als kleines, unbedeutendes Land«, eine Auffassung übrigens, die dem heutigen Schimpfwort »Klein-Japan« zugrunde liegt. Und Japan kannte man auch als Land »kleinwüchsiger Menschen« *(wajin)*, die dem chinesischen Kaiser Tribut gezollt hatten und von China Religion, Verwaltung, Kultur, einfach alles erlernt hatten, was ein zivilisiertes Land ausmachte.

Die hochnäsigen Mandarine Chinas sahen die Gefahr nicht, die auf sie zukam. Wenn Japaner gefährlich waren, dann vereinzelt als Piraten, als die sie in trauter Eintracht mit küstenbewohnenden Chinesen über Jahrhunderte hinweg Raubzüge auf kaiserliche Schatzkisten unternommen hatten.

Seit Mitte des 19. Jahrhunderts war Japan wach, hellwach sogar. Streng geführt von einem reformwilligen Tenno, lernten seine politischen und intellektuellen Eliten intensiv von den westlichen Kolonialmächten, wie man moderne Waffen baut, sich effizient verwaltet und seine Interessen gegen andere durchsetzt. Japan lernte unglaublich schnell. »Von anderen lernen«, um besser zu werden, ist, wie mein Gesprächspartner oben bereits erwähnte, eine sehr japanische Tugend. Aber keine ausschließlich japanische. Auch Chinesen beherrschen sie vortrefflich. Doch das tut hier nichts zur Sache.

Und Japan ging viel weiter, als das neu erstarkte Deutschland während des kurzen Deutsch-Französischen Krieges überhaupt gehen konnte. 1874 annektierte es die Ryukyu-Inselgruppe, die lange Jahre direkt dem chinesischen Kaiser tributpflichtig gewesen war. Seitdem musste Sushi auf Okinawa serviert werden, nachdem die Menschen dort jahrhundertelang lieber Schweinsköpfen und -füßen nach chinesischer Art den Vorzug gegeben hatten. Doch die große Stunde der Japaner schlug in Korea. Das kleinste der drei Länder Ostasiens war eng an China gebunden, das dort wie ein Protektor wirkte. Japan platzierte seine Flotte dort, und China wurde zu einer Gegenreaktion gezwungen. Li Hongzhang (1823–1901), ein Freund des greisen Preußen Bismarck, musste Schiffe entsenden, die er von den Deutschen gekauft hatte. Diese Schiffe waren weder bezahlt noch konnten sie als Kriegsschiffe mit Kanonen auf etwas Größeres als Spatzen schießen. Und die moderne japanische Kriegsflotte war bedeutend größer. Es dauerte nicht lange, und der Stolz der chinesischen Armee war versenkt.

Chinesen hassen Japaner oft auch wegen ihrer kompromisslosen Grausamkeit als Krieger. Wie die schlimmen Folgejahrzehnte bis 1945 zeigten, hatte die japanische Armee die konsequente Gewalt ihrer eigenen Kriegskultur mit den modernen Massenvernichtungswaffen des Westens auf sehr erschreckende Weise kombiniert. Massaker an Chinesen und anderen Nachbarvölkern waren vorprogrammiert. Wer sich wehrte, wurde exekutiert. Total und radikal. Schon 1894, noch während des Ersten Chinesisch-Japanischen Krieges, ließ der japanische Oberbefehlshaber Yamaji vier Tage und drei Nächte lang seine Soldaten in der nordchinesischen Hafenstadt Lüshun marodieren, brandschatzen, vergewaltigen. 20000 Opfer noch weit vor Beginn der

Massenvernichtung in den Weltkriegen. Ein trauriges Denkmal japanischer Kriegsführung auf chinesischem Boden. Der folgende Friedensvertrag von Shimonoseki 1895 ist noch heute als »Maguan«-Vertrag für viele Chinesen *das* Symbol der Demütigung schlechthin: »Eine Halbkolonie haben die Japaner aus China gemacht, an der sich die anderen Mächte ebenfalls weiter bedienen konnten«, wissen Internet-Nutzer noch heute dazu zu sagen. Taiwan wurde für 50 Jahre japanisch. Das Signal für das Deutsche Reich, sich 1897 in Shandong mit Jiaozhou und Qingdao zu bedienen, die Engländer nahmen sich Weihai, die Russen Dalian, die Franzosen Zhanjiang. Das kaiserliche Reich der Mitte wurde endgültig zum Selbstbedienungsladen für ausländische Imperialmächte. Und Chinas Armut verstärkte sich noch, nachdem Japan gleich mehr als drei Nationaleinkommen des chinesischen Reiches als Reparationen für den von ihm selbst begonnenen Krieg eingefordert hatte.

In den Jahrzehnten nach dieser Demütigung verschlimmerte sich die Situation weiter. Japan besetzte die Mandschurei, setzte dort einen Marionettenkaiser ein und eroberte dann 1937 alle wichtigen Städte Ostchinas. Der systematische Aufbau von Großostasien auf dem alten Territorium Chinas – vermutlich sah sich manch ein Japaner damals als rechtmäßiger Nachfolger des abgewirtschafteten chinesischen Kaiserreichs – beinhaltete Gräueltaten wie das bekannte Massaker von Nanjing mit 300 000 Opfern und den grausamsten

Formen von Tötung, zu denen Menschen fähig sein können.

Da es nie einen Kniefall eines japanischen Politikers nach Art Willy Brandts denkwürdiger Demutsgeste vom 7.12.1970 in Warschau gegeben hatte – immerhin brauchte auch ein bundesdeutscher Politiker so lange Zeit – und stattdessen japanische Ministerpräsidenten in loser Folge immer wieder zum Yasukuni-Shintoschrein pilgern, um lieber den Seelen ihrer großen Kriegsverantwortlichen Reverenz zu erweisen, als sich vor den toten Seelen Chinas zu verbeugen, sind die lebendigen Seelen der Chinesen bis heute in Aufruhr. Und der Hass hält an. Genauso wie die offizielle Unfähigkeit, wirklich Trauer zu zeigen über das, was passiert ist. So endet die Gegenwart der offiziellen chinesisch-japanischen Beziehungen, wenn nicht im Hass, so doch zumindest in tiefem Misstrauen. In Befragungen, ob man Japanern trauen könne, verneinen dies fast 80 Prozent.[12]

Das Traurige daran ist, dass dieses Misstrauen auf der anderen Seite genauso groß ist. In derselben zitierten Befragung äußern 87 Prozent aller Japaner Misstrauen gegenüber Chinesen. Ein japanischer Bekannter in Kyoto, wo ich drei Jahre lang tätig gewesen bin, äußerte mir gegenüber einmal folgende Worte:

»China war eine große Kultur, von der wir selbstverständlich sehr viel gelernt haben für unsere Kunst, Architektur, für unsere gesamte Kultur. Wir haben der chinesischen Kultur sehr viel zu verdanken. Aber dieses

China gibt es nicht mehr. An seine Stelle ist die Volksrepublik getreten, eine kommunistische Diktatur, die
gefährlich ist. Diese Volksrepublik hat die chinesische
Kultur zerstört, so dass ihre Bürger heute oft ungebildet
sind und nicht mehr viel über die eigene Vergangenheit wissen, wie mir scheint. Ich kann Chinesen nicht
mehr vertrauen, wissen Sie. Viele Jahre war ich drüben
auf dem Festland, habe für eine japanische Firma dort
Geschäfte gemacht. Sie haben uns betrogen. Wirklich,
glauben Sie mir. Nicht die Chinesen, die Regierung. Sie
hat versucht, maximalen Profit an den Geschäften zu
machen, immer wieder neue Abgaben hier, Abgaben
da. Ich hatte am Ende das Gefühl, dass ich mich auf
nichts dort verlassen kann.

Chinesen sind jetzt überall. Kaufen alles und sind
in jedem wichtigen Tempel. Einerseits ist das gut für
unsere schwache Wirtschaft, andererseits machen mir
diese Menschenmassen Angst. Ja, Angst. Ich habe auch
Angst vor den vielen rohen Menschen in China, wenn
sie merken, dass ich Japaner bin.«

Das ist nur ein Stimmungsbild zu China und den
Chinesen aus Japan. Aber es ist eines, wie es mir dort
häufig begegnet ist. Angst und Misstrauen sitzen tief,
zumindest bei einem Teil der Bevölkerung, vor allem
dem Teil, der noch nie in China war.

Im bekannten Kiyomizu-Tempel in Kyoto herrscht wie
immer sonntags drangvolle Enge. Ein besonders lebhaf-
tes Kimono-Pärchen kommt mir entgegen, lacht laut

und freundlich, und als ich ihm gerade ein »*Konnichi-wa*« anbieten möchte, sprudelt Mandarin mit Pekinger Akzent aus den Kehlen der »Japaner«. Ich schalte sofort um und grüße deutlich selbstsicherer mit »*nimen hao!*« und »Wie kommt es, dass ihr euch als Chinesen hier in Kyoto als Japaner verkleidet?« Das junge Paar lacht und meint dann kurz: »Das ist doch echt lustig und außerdem *ke'ai!*« – »Ich liebe Japan«, fügt der junge Mann im klassischen Männerkimono dann noch hinzu. »Ich mag Mangas, japanische Kleidung und besonders japanische Traditionen. Die fehlen mir in China, hier in Kyoto finde ich sie. Und vieles kam ja irgendwann mal aus China.«

Keine Ressentiments, die auf Politscharmützel wegen irgendwelcher umstrittener Felsbrocken im Meer zwischen beiden Ländern zurückgehen, keine Aversion gegenüber den Japanern. Einfach Lust darauf, hier und jetzt an einem der schönsten Plätze Kyotos in die Rolle kimonotragender Japaner zu schlüpfen, weil das »niedlich« aussieht – besonders im Fall der hübsch geschminkten jungen Frau – und weil es ein lustiges Rollenspiel ist, das man gern spielt. Der chinesische Ausdruck für »echt lustig« ist *hao wan* und bedeutet auch »gut spielen«.

»*Ha ri*« nennt man die neue Japan-Begeisterung unter jungen Chinesen, »Japan bewundern«. Die meisten und bestinformierten Japan-Bewunderer leben auf Taiwan, der Insel, die Japan 50 Jahre lang von 1895 bis 1945 besetzt hatte. Das scheint nicht nur zu Hass geführt zu haben. Im Gegenteil. Auf Taiwan amalgamiert chinesisches und japanisches Lebensgefühl oft mit American Lifestyle. Kein Wunder, dass dort auch viele Manga-Zeichner ansässig sind, die die japanische Art, Comics zu zeichnen, in chinesische Kontexte transformiert haben. Die bekannte Zeichnerin Chen Jiaxing ist in Japan verliebt, und weil sie alles, von Manga-Kultur über Kleidung bis hin zur Begeisterung für traditionelle japanische Kultur, propagiert, gilt sie als Begründerin der neuen Japan-Liebe unter Chinesen. Auch auf dem Festland gibt es eine wachsende Zahl an Fans originaler japanischer Manga-Comics. Japans derzeit wohl erfolgreichster Exportartikel verzaubert weltweit Jugendliche in lebende Comic-Figuren. Auch wenn manch ein Japaner das gar nicht so gern sieht. Genau wie sie zu den bestgehassten Nachbarn der Chinesen werden konnten, so gelang es den Japanern auch, das Niedlich- und Kindlichsein zu perfektionieren. *Kawaii* sein ist perfekter niedlich als das chinesische Gegenstück *ke'ai*. Auch da hat sich der Perfektionismus Japans durchsetzen können.[13]

Japan polarisiert also. Es gibt die Hasser, aber eben auch die Fans. In der jungen, vielgereisten und weltoffenen Generation entsteht eine neue Beziehung zu Japan, die hoffen lässt. Chinas aktuelles Verhältnis zu Japan lässt sich am treffendsten durch das Yin-Yang-Symbol ausdrücken, einen Kreis, der aus einer schwarzen und einer weißen Hälfte besteht. Die weiße Hälfte strahlt bei manchen der neuen Japan-Fans so hell, dass sie bereits den Zorn der »Japan-Hasser« auf sich ziehen. Die reagieren oft mit Wut und Trotz, womit sich auch ein wenig Hilflosigkeit und Anerkennung mischen. Denn Japan füllt immer mehr jungen Chinesen, die nichts als die modernen Konsumwelten kennen, das kulturelle Vakuum, in dem sie nicht atmen können, mit frischer Luft.

GIER

Ente gut – alles gut!

Die Atmosphäre war angespannt. Sie kamen einfach nicht weiter. Seit einer Stunde versuchte er nun, seinen Gast davon zu überzeugen, dass die Taiwan-Frage nicht zu diskutieren sei, denn für ihn gab es kein unabhängiges zweites China. Entweder sein Gesprächspartner akzeptierte das, oder es gab keine Annäherung. Er war der Ministerpräsident und wusste, was ging und was nicht. Vor allem wusste er, was die Partei und der Vorsitzende Mao akzeptieren würden. Sein Gegenüber war viel jünger als er. »25 Jahre bestimmt«, dachte er, »ein ambitionierter Politiker. Der wird bald Außenminister, ganz sicher.« Kurz erinnerte er sich an die Zeit, als er genauso alt gewesen war wie der Mann im schwarzen Anzug mit weiß gepunkteter Krawatte, der ihn mit ernsten Augen hinter einer dickglasigen schwarz geränderten Brille ansah. »Diesen Augen entgeht nichts«, dachte er. Ein Lächeln huschte über sein Gesicht mit den buschigen dunklen Brauen.

Als er so jung gewesen war wie sein weißes Gegenüber heute, saß er nicht in einem so komfortablen Sessel. Er wusste damals gar nicht, was ein Sessel ist. Ein
geheiztes, steinhartes Ziegelbett für die Nacht bedeutete Luxus. Es war Krieg. Seine Kommunisten kämpf-
ten gegen die Revanchisten um Tschiang Kai-shek, den
starrköpfigen Tyrannen aus Zhejiang. Gerade hatten sie
die Japaner aus dem Land vertrieben, und schon war
ein neuer Krieg über das ausgeblutete ehemalige Reich
der Mitte hereingebrochen. Siegen oder sterben. Alter-
nativen gab es keine, schon gar keine Zeit für komfor-
table Verhandlungen in Gästehäusern.

Der Premier schreckte aus seinen Erinnerungen auf
und sagte: »Ich schlage vor, wir belassen es erst einmal
dabei und reden nach dem Essen weiter. Die Ente wird
kalt.« Dabei lächelte er, wie Diplomaten eben lächeln.
Die angespannte Miene seines Gegenübers glättete sich.
Jetzt lächelte auch er.

Die beiden erhoben sich gemeinsam mit ihren Dol-
metschern und Protokollanten aus den schweren Ses-
seln mit den weißen Spitzendecken. Er hatte sich für
das Mittagessen etwas Besonderes ausgedacht, denn in
ein Restaurant führen konnte er seinen Gast nicht. Der
Amerikaner war »geheim« eingereist, und geheim hatte
er ihn empfangen. Nur der Vorsitzende Mao und einige
Spitzen der Partei waren über den Besuch informiert.
Also blieb nur das Restaurant des Staatsgästehauses.

Dort liefen die Vorbereitungen auf vollen Touren. Es war nicht leicht gewesen, einen Ofen aufzutreiben, der in der Hotelküche aufgestellt werden konnte und trotzdem groß genug war, die berühmte Peking-Ente nach der Hänge-Methode zuzubereiten. Den passenden Röstmeister hatten emsige Mitarbeiter schneller finden können. Der war zwar nur recht zurückhaltend der Einladung gefolgt, doch als er hörte, dass er vom Premier höchstpersönlich in das Staatsgästehaus eingeladen wurde, um für einen wichtigen Gast die Ente zu rösten, wagte er nicht, sich zu widersetzen.

Der Premier wusste: Wenn er den Gast vom Geschmack Chinas überzeugen wollte, dann brauchte er dazu unbedingt eine frisch geröstete Ente, die, knusprig gebräunt, einen so verführerischen Duft verströmte, dass sie die lästige Taiwan-Frage überlagerte. War die Ente gelungen, dann war China nach Jahren der Isolation zurück in der Welt – und gelingen konnte nur eine Ente direkt aus dem Ofen. Eine Lieferung aus einem bekannten Entenrestaurant der Stadt verbot sich daher. Die Haut wäre weich geworden, der Duft schon verströmt, bevor er die Nase des Gastes hätte erreichen können.

Alle hatten Platz genommen. Der Gast saß zu seiner Linken, wie es das Protokoll vorschrieb. Er war sich seiner Sache sicher. Schon rollte der Röstmeister persönlich den frisch gebackenen Vogel an den runden Tisch. Den zierte eine erlesene Auswahl von Gemüsen, Fleischgerichten und etwas Fisch, so dass dem Gast, der als einer der ersten Politiker des Westens das China der Kulturrevolution bereisen durfte, verwundert die schwarze Brille abnahm, angesichts der plötzlichen Farbenvielfalt im graublauen Land der Einheitsmenschen.

Der Röstmeister ließ sein gewaltiges Küchenbeil überraschend feinfühlig unter die tiefbraun geröstete Haut des dampfenden Vogels auf dem Servierwagen gleiten. Der Amerikaner war versucht, aufzustehen und einfach seiner Nase zu folgen, so sehr reizte das appetitliche Schauspiel die Augen und der köstliche Entenduft die Nase. Zutiefst menschliche Begierden waren das.

Es war so still am runden Tisch, dass er das leichte Zischen wahrnahm, als die stahlkalte Messerschneide durch das heiße Fleisch der Ente glitt und es hauchdünn mit der Haut vom Körper des Tieres löste. Kunstvoll schichtete der Röstmeister feinste Scheibchen davon auf einen schneeweißen Teller dünnen Porzellans. Das frisch angeschnittene Fleisch verströmte einen noch betörenderen Duft. Nun war alles bereit, die Entenhaut glänzte auf dem runden Tisch, fein in Streifen geschnittener Lauch, dünn ausgerollte gelbe Weizenmehlfladen und eine dunkle, sämige Würzsauce standen bereit. Bereit für ihn, den Hausherrn, den Zeremonienmeister, den Chefdiplomaten Chinas, den Premierminister.

Er hielt nun alle Fäden in der Hand. In diesem Fall waren die Fäden die appetitlichen dünnen Fladen aus Weizenmehlteig. Höchstpersönlich rollte er dem lä-

chelnden Gast aus Amerika nun dessen ersten Entenfladen. Er wusste, dass dieses Ritual die Begierden nur
noch steigern würde. »Learning by doing«, sagte er und
strich tiefbraune, sämige Würzsauce auf den runden
Fladen. Seine Essstäbchen griffen nach der Platte mit
den Hautstücken der Ente, an denen nur wenig Fleisch
haften durfte, um die krosse Textur der Haut später im
Mund nicht zu zerstören. »You have to feel the duck«,
mahnte er sein Gegenüber, dessen Zungenspitze für Se-
kundenbruchteile ungewollt die Lippen berührte, »not
only taste it.« Dann legte er ihm den perfekt gerollten
Fladen auf den Teller.

Der Mensch giert danach, Dinge, die er mag, zu berühren und damit zu fühlen. Was wäre ein Kuss, ohne dabei
die Weichheit der Lippen und des Mundes mit der Zunge zu ertasten? Was für die Liebe gilt, gilt auch für das
Essen. »Die beiden großen Begierden des Menschen«,
hatte Konfuzius einst festgestellt, »konzentrieren sich
auf Essen und Trinken sowie auf Sex.« Seine Nachfahren sahen spätestens seit dem dritten Jahrhundert in
den fünf Sinnen des Menschen die Grundlage für alles
Begehren. Vielleicht kann man nur das Essen und die
Liebe tatsächlich auch mit allen fünf Sinnen gleichzeitig genießen. Ein sechster Sinn aber gehöre unbedingt
hinzu: Der Mensch suche danach, in allem Handeln
auch einen Sinn zu entdecken. Was man mit allen fünf
Sinnen sehe, höre, rieche, schmecke und taste, sollte
deshalb besonders bedeutsam sein. Verstehen ist als

»sechster Sinn« die Konsequenz des Fühlens mit allen dafür vorgesehenen Organen.

Der Gast in Peking biss zu. Dann tastete er. Was er mit der Zunge fühlte, überzeugte ihn, dass diese »Kommunisten« vom Essen mehr verstanden als jedes kapitalistische Großrestaurant zwischen Kalifornien und New York. Die Textur der Entenhaut war kross und doch so beschaffen, dass sie schnell der zarten Dichte des hauchdünn an ihr haftenden Entenfleisches nachgab. Krosser Rauheit folgte schmelzende Zartheit. Der Gast fühlte, dass das, was seine Zunge spürte, ein Gleichnis war für dieses Land, ein »Reich des Bösen« voll derber Kommunisten, die sich überraschend weich zeigen konnten.

Die Ente hatte ihn überzeugt, dass er wiederkommen müsste, dass sein Präsident kommen und damit eine Ära chinesisch-amerikanischer Beziehungen beginnen würde. Sicher, sie hatten noch viele Details zu besprechen. Taiwan, die chinesische Republik, zu der die USA bisher diplomatische Beziehungen unterhalten hatten. Aber die Taiwaner hatten einen Fehler gemacht. Das wusste er jetzt. Sie hatten ihm nie Peking-Ente serviert.

Der Geschmack, nach dem er gegiert hatte, seit er die kross gebratene Ente gerochen hatte, öffnete sich nach dem Zungenspiel mit Haut und Fleisch des Geflügels nun voll und ganz. Ein ungeheuer komplexer Geschmack war das. Er schmeckte das Feuer aus harten

Obstbaumhölzern, über dem dieser vortreffliche Koch die Ente langsam gebräunt hatte. Er schmeckte die Süße der Sauce und die krispe Herzhaftigkeit der Entenhaut. Er schmeckte den vollen Saft des Fleisches, das mürbe und gar war und doch allen Saft in sich hatte, den es brauchte, um einen Genießer wie ihn zu begeistern. Er schmeckte die kräftige Würze des chinesischen Landes, die in den dünn geschnittenen Lauchstreifen verborgen war und von denen ihm sein Gastgeber gerade so viele in seine Entenrolle hineingepackt hatte, dass der Eigengeschmack des Fleisches unterstützt, aber nicht überlagert wurde. Die dunkle Soße würzte die Ente zusätzlich. Ihr war eine eigentümliche Süße eigen, die sie von der Salzigkeit herkömmlicher Sojasaucen unterschied, obwohl – das schmeckte sein erfahrener Genießersinn – diese sämige Paste die Sojabohne als Grundzutat in sich einschloss.

Nachdem der Gast gekostet hatte, wurde es geschäftig am Esstisch. Die chinesischen Gastgeber gefielen sich dabei, den amerikanischen Gästen weitere Entenfladen vorzurollen und zum Verzehr gerade recht auf die vorbereiteten Teller zu geben. Der Gast musste umsorgt werden. Das war ein Prinzip chinesischer Höflichkeit und viel bedeutungsvoller als die westliche Etikette der Zurücknahme. Die führte meist dazu, dass man an westlichen Tafeln genussvolles Schmatzen vermied und nicht wirklich fühlte, was man da aß.

Für den Premier lief alles wie geplant. Er wusste, man würde eine gemeinsame Lösung finden. Wenn nicht mehr heute, dann jedenfalls morgen. So ließ er ebenso hochprozentigen wie hochwertigen Maotai-Schnaps einschenken und brachte einen Toast aus: »Auf dass dieses Essen uns heute zu einem guten gemeinsamen Abschluss unserer Gespräche und zum Neubeginn der chinesisch-amerikanischen Beziehungen führt.« Sein Gast nickte nur, bevor er den Schnapsbecher leerte. Mit allen fünf Sinnen hatte er seine Begierde nach einer perfekten Mahlzeit zunächst stillen dürfen und dabei gleich die sechste Begierde befriedigt: Er hatte gefühlt und damit verstanden, wie China schmeckt.

Am Abend legte der Premier noch einmal nach. Auf einem Bein konnte man nur schlecht stehen, und zu einer guten Ente passte ein vortreffliches Huhn. Die Chinesen hatten die Methode des Schmorens im Salzmantel an ihrem Lieblings-Fleischlieferanten, dem Huhn, perfektioniert. So bekam der Staatsgast aus den USA nach der Ente später ein unglaublich aromatisches, äußerst zart gebackenes Huhn serviert, welches er zusammen mit dem Geschmack der Peking-Ente als sein »schönstes Erlebnis der diesmaligen Reise nach dem Osten« in fester Erinnerung behalten sollte.

Zhou Enlai, der Premier, ließ daraufhin dieses neu komponierte Gericht gleich nach seinem Gast benennen: Kissinger-Huhn. Es soll seitdem zu einem festen Bestandteil von Staatsempfängen in China geworden sein.[1] Da ich niemals als Staatsgast in China empfangen worden bin, kann ich das nicht bestätigen, glaube aber gern den Gerüch(t)en, die sich um Zhou Enlais »Tafel-Diplomatie« verbreitet haben.

Am folgenden Tag, dem 11. Juli 1971, verbreiten die USA und die VR China ihr erstes gemeinsames Kommuniqué, das US-Präsident Richard Nixon im Februar 1972 nach China brachte und am Ende zur Wiederaufnahme der diplomatischen Beziehungen zum Westen und zur Öffnung Chinas führte. Ente sei's gedankt!

Die sollte künftig und bis zu seinem Tod im Jahr 1976 das wichtigste diplomatische Mittel Zhou Enlais im Austausch mit ausländischen Staatsgästen sein. Zhou glaubte an die Möglichkeiten diplomatischer Erfolge mithilfe kultureller Inhalte, und das Essen hielt er dabei für einen der wichtigsten, denn Hunger trifft einen jeden Menschen. Im Unterschied zu einer musikalischen Darbietung oder einem Schauspiel bietet der Esstisch zudem die Möglichkeit, auf kleinerem Raum sehr viel Verschiedenes für jeden Geschmack anzubieten. Das macht ein gutes Bankett zu einem der risikolosesten Instrumente kultureller Diplomatie.

Zhous diplomatischer Ansatz war dabei so einfach wie überzeugend: »Iss Peking-Ente, trinke Maotai-Schnaps, und *erst dann* spiele (verbales) Pingpong.« In China kennt man diese Form genuss- und erfolgreicher Außenpolitik als »die drei großen Strategien des Premiers Zhou«.

Henry Alfred Kissinger jedenfalls soll nach Aufgabe

seiner politischen Ämter übrigens weiter mit Vorliebe nach China gereist sein – der Ente wegen. Ein Satz wird ihm dabei gern in China in den Mund gelegt: »Gebt mir Peking-Ente, und dann unterschreibe ich euch jedes Dokument.«[2]

Ob Daisaku Kadokawa, erster Bürgermeister der Stadt Kyoto, seinen deutschen Gast Jürgen Roters, Oberbürgermeister der Stadt Köln, im Mai 2013 später zu einem ähnlichen Ausspruch verleiten konnte, wage ich zu bezweifeln, doch besonders »merkwürdig« war der Besuch im besten *Tempura*-Restaurant Kyotos allemal. Zumal es das Lieblingsrestaurant des Japaners war, gelegen in einem der kleinen traditionellen Häuser in Kyotos Altstadt.

Wir mussten uns bücken, als wir das Haus und den anschließenden Bankettraum betraten. Eine zu groß gewachsene deutsche Delegation in zu steifem deutschem Anzugschwarz, der neben den Kölner Vertretern auch ich als »Mitgastgeber« angehörte, wurde empfangen von zwei Männern im Haori-Hakama-Gewand, dem Männer-Kimono: dem Ersten Bürgermeister und dem Ersten Stadtverordneten. Ich merkte schnell: Hier würde uns heute Abend etwas ganz Besonderes geboten. Nicht nur die Geikos und Maikos, gemeinhin Geishas genannt, die uns in klassischer Maske geschminkt und mit kostbarem Kimono verhüllt lächelnd Asahi-Bier und Sake servierten, nein, auch der Gastgeber selbst war in besonderer Stimmung.

Der Anblick der Geishas, ihre koketten, fast künstlich klingenden Stimmen, mit denen sie uns grüßten, als sie unsere Gläser mit Bier auffüllten, hatten bereits Auge und Ohr gut genährt, bevor der Bürgermeister die frittierten Gemüse-, Fleisch- und Meeresfrüchte-Köstlichkeiten, bekannt als *Tempura*, auftragen ließ. Jetzt waren Geruchs-, Tast- und Geschmackssinn gefordert, was die Begierde, sofort in die appetitlichen Happen in goldgelber Panade zu beißen, gleich verdreifachte. Dabei wurde die Begierde nach Schönheit in bester japanischer Art befriedigt, indem jede Köstlichkeit in einer andersfarbigen und anders gestalteten Keramikschale serviert wurde. So bestechen selbst ähnliche Dinge in individueller Unterschiedlichkeit.

Der Bürgermeister hatte sich währenddessen schon in wein- oder bierselige Stimmung versetzt und schüttete sein Herz vor uns aus, ohne dass die noch von Geisha-Künsten verzückte deutsche Delegation das wirklich zu bemerken schien. Er sprach von den Schönheiten des kleinen japanischen Gartens, der direkt hinter den Scheiben der großen Bodenfenster begann, vor denen wir im Schneidersitz saßen.

Wie der Premier Chinas Jahrzehnte zuvor dirigierte an diesem Abend der Bürgermeister Kyotos bei der großen Komposition des Essens für alle fünf Sinne. Nachdem wir wirklich alle nur möglichen *Tempura*- (nicht Tempi-) Variationen des Hauses durchprobiert, den Inhaber des Restaurants gelobt und uns davon überzeugt hatten, dass man frittierten japanischen Köstlichkeiten nicht anmerken durfte, dass sie vollständig in Öl getaucht worden waren, nachdem Geiko und Maiko, die beiden Geishas, uns mit Shamisen, Stimme und Tanz geschmeichelt hatten, sprach der Bürgermeister seine Abschiedsworte: »Sehen, hören, riechen, fühlen, schmecken konnten Sie heute Abend hoffentlich einiges. Ich hoffe sehr, dass Sie gesättigt diesen Raum verlassen, der Ihnen mit dem Garten, den Damen und dem Essen ein wenig Japan in die Bäuche gefüllt hat. Mit gefülltem Bauche schläft man gut.«

Da ich mich nicht mehr daran erinnere, wie ich nach diesem besonderen Abend schlief, muss es tief und erholsam gewesen sein. Mein sechster Sinn sagt mir das. In aller Deutlichkeit.

Unersättlichkeiten

In der U-Bahn klebte ein Geruch nach billigem Frittierfett, nach Pommes frites, öltriefenden Hühnerschenkeln und riesigen Pappbechern, angefüllt mit »Chicken McNuggets« – und natürlich nach Big Mac. Der Fast-Food-Geruch klebte in der schwarzen Daunenjacke des jungen Mannes mir gegenüber, durchdrang die schönen langen Haare des Mädchens zu meiner Rechten, überzog die zarte Haut des kleinen Jungen, der Hand in Hand mit seiner Mama auf dem mintgrünen »Priority Seat« saß. Jeder, der mit mir in der unterirdischen Röhre unterwegs war, schien von Fettgeruch befallen.

Die Menschen, mit denen ich zusammen U-Bahn fuhr, waren fast alle jünger als ich. Die meisten waren sogenannte Nach-80er, also nicht vor 1980 geboren. Sie waren mit McDonald's & Co groß geworden. Manche der Fahrgäste waren noch nicht einmal erwachsen. Sie trugen Einheits-Jogginganzüge mit dem Aufdruck ihrer Schule. Viele von ihnen waren eindeutig zu dick. Ich sah mich weiter um und schätzte, dass jeder Vierte, der auf den Plastiksitzen des Zuges saß, mit dem Handy spielte, chattete oder einfach seinem Ziel entgegendöste, übergewichtig war. Die Erklärung dafür lag in der Luft. Fast Food.

Über die Hälfte aller Chinesen sollen laut einer Statistik mittlerweile übergewichtig sein.[3] Wenn man nun davon ausgeht, dass auf der Welt rund eine Milliarde Menschen zu schwer sind, dann wäre mindestens jeder zweite Dicke dieser Welt ein Chinese. Männer trifft die Fettleibigkeit dabei etwas häufiger als Frauen, aber insgesamt stehen die Geschlechter ungefähr gleich gut im Futter.

Erstaunt bin ich auch über die Geschwindigkeit, mit der die Menschen im Lande dicker werden: Im Vergleich zu den Europäern, die in der zweiten Hälfte des 20. Jahrhunderts rund 30 Jahre brauchten, um ihre Wohlstandsbäuche auszubilden, schafften es die Chinesen in nur zehn, ihre Körper um die gleiche Menge zu verbreitern.

Als mir dieses Problem in der U-Bahn wirklich bewusst wurde, dachte ich dabei nicht an die vielen Wohlstandskrankheiten wie Herzprobleme oder Krebs, die China nun in ähnlicher Weise heimsuchen wie den bereits früher fettgewordenen Bewohner des Westens.

Ich dachte daran, dass hier die Gier nach einem guten Leben an den Körpern der Menschen haftenblieb. Über Hunderte von Jahren hinweg mussten viele Chinesen Hungergefühle ertragen. Bis zum Ende des 20. Jahrhunderts war es für viele ein Traum geblieben, einmal im Jahr am Neujahrstisch zu sitzen und gut zu essen. Nur eine Generation später führt der neue Traum vom »idealen Körper«, wie er Chinas bunte Werbewelt im Netz beherrscht, zu Enthaltsamkeit und Schlankheitsprogrammen.

Ich dachte auch an einen Satz, den der Theaterkritiker, Dichter und Allround-Gelehrte Li Yu (1610–1680) einmal formuliert hatte: Der menschliche Magen, so Li, sei so hoffnungslos abgründig wie ein »Loch ohne Boden« und daher das Leid des Menschen an sich. Li erkannte dabei viele Leiden, die der Hunger beim Menschen auslöste, und die Mühen, die es den so Gepeinigten kostete, dieses schwarze Loch jeden Tag erneut zu stopfen. Damit ist der Mensch genauso beschäftigt wie Tiere und Pflanzen. Auch sie stehen unter dem Zwang, sich tagtäglich aufzufüllen. Doch die Natur war klug genug, es bei fast allen Wesen, die sie hervorgebracht hat, dabei zu belassen, dass die entstandene Leere lediglich wieder aufgefüllt werden muss.

Nur der Mensch kultivierte den Zwang, immer wieder satt zu werden, zur Gier. Das »Loch« im Menschen reicht tiefer und ist daher weit schwärzer als das der anderen Organismen. Bäuche erweitern sich unter maßloser Völlerei bedrohlich und verunstalten die eigentlich wohlproportioniert angelegte Gestalt des Menschen. Darunter leiden bis heute westliche Gesellschaften, und seit dem Ende des 20. Jahrhunderts trifft es auch die Ostasiaten, mit den Chinesen an der Spitze. Diese werden, wenn die statistischen Daten der Weltgesundheitsorganisation stimmen, bald die größten schwarzen Löcher der Unersättlichkeit in sich tragen. Nach Amerikanern und Brasilianern sind es Chinesen, in deren Bäuchen die meisten Rindviecher verschwinden. Und höchst zufrieden stellt die Fleischindustrie fest, dass Chinesen in jedem Jahr »rund vier Prozent« mehr Rindfleisch verdrücken und das »Angebot« mit der Nachfrage nicht Schritt halten könne.[4]

Chinesen und Japaner aßen kein Rindfleisch, bevor die Modernisierung sie auf diesen Geschmack kommen ließ. Nun ist China auf dem besten Wege, die größte Menge an Rindfleisch weltweit zu konsumieren, obwohl seine Gesellschaft es in ihrer Kulturgeschichte des guten und vielfältigen Essens zuvor niemals nötig gehabt hatte, die nützlichen Arbeitstiere auf den Reisfeldern, geschweige denn ihre Artverwandten zu verspeisen.

Wer viel zu viel zu schnell in sich hineinstopft, verliert das Maß leider auch in anderen Lebensbereichen. Die Gier kennt keine Grenzen.

Besonders verfressen zeigen sich manche Zeitgenossen auf dem chinesischen Immobilienmarkt:

Genau wie Essen und Trinken gehört das Wohnen zu den Grundbedürfnissen des Menschen. Ohne Wohnung funktioniert keine Familiengründung. Und Familien sind in China noch immer der zentrale Orientierungspunkt des Lebens. Diese Abhängigkeit eröffnet dem, der viel Wohnraum anzubieten hat, fast grenzenlose Möglichkeiten, seine Gier in vollen Zügen auszuleben. Ein großer Teil der vielen Korruptionsskandale im Reich der Mitte hängt direkt oder indirekt mit der Immobilienbranche zusammen. Das illustriert besonders die folgende Geschichte:

Einst ließ der Große Vorsitzende Mao Zedong höchstpersönlich ein Stahlwerk nahe dem kleinen Dorf Pingming unweit einer großen und wichtigen Stadt im Osten Chinas errichten. Die Fabrik beschäftigte die Bauern der Umgebung als Arbeiter, gab ihnen bescheidene, aber feste Einheitslöhne und eine kleine Wohnung. Dort erhielten sie und ihre Familien gegen ein kleines monatliches Entgelt, das von ihrem Lohn abgezogen wurde, ein lebenslanges Mietrecht. In diesen kleinen Mietwohnungen hätten die Arbeiter einfach und bescheiden, aber recht zufrieden weiterleben können, wenn Maos Nachfolger Deng Xiaoping nicht die sogenannte Zeit der Reform und Öffnung ausgerufen hätte.

Reform bedeutete in Pingming, dass das Stahlwerk an einen Bauernsohn namens Fa verkauft wurde. Die Arbeiterwohnungen bekam der frisch gebackene Unternehmer gleich dazu. Fa war ein sehr ehrgeiziger junger Mann, und schon bald hatte er eine Idee, wie er aus seinem neuen Besitz mehr machen konnte. Er verkaufte den Arbeitern die Wohnungen, in denen sie schon jahrelang gewohnt hatten, einfach als Privatwohnungen und gründete eine eigene Servicefirma, die sich um kaputte Toiletten, Leuchtstofflampen und ähnliches Inventar der neuen Privatwohnungen kümmern würde. Für diesen Service sollten die Arbeiter weiter ihre »Mieten« bezahlen, die Fa nur ein ganz klein wenig erhöhte. Alle waren glücklich und zufrieden, so schien es. Die Arbeiter hatten ihr Bedürfnis nach Besitz und Fa seines nach mehr Geld gedeckt. Er kaufte sich einen schicken Audi als Dienstwagen, lud wichtige Partner und Freunde in die besten Restaurants zu üppigen Gelagen ein. Dabei lernte Fa auch Herrn Cai, den neuen Bürgermeister der nahen Großstadt, kennen. Das war eine wichtige Bekanntschaft, wie sich bald herausstellen sollte.

Die Großstadt wuchs unaufhörlich, und schon nach wenigen Jahren wurde Pingming als einer ihrer Vororte eingemeindet. Was die Bewohner davon hielten, interessierte natürlich nicht. In China wird entschieden und nicht gefragt und schon gar nicht diskutiert. Der neue Vorort gab Menschen nun die Möglichkeit, einfach und günstig eine Wohnberechtigung für die große Stadt zu erhalten. Immer mehr interessierten sich dafür eine Wohnung in Pingming. Fa witterte nun erneut die Chance, seinen schon beachtlichen Reichtum weiter zu vergrößern: Er verkündete, den alten Ort »grundsanieren« zu wollen. Bulldozer und Baukräne rollten in Scharen nach Pingming, rissen über Nacht die alten Wohnblöcke der Arbeiter nieder, bauten in drei Nächten neue, die dreimal so hoch waren und dreimal so viele Familien fassen konnten. Die Alteingesessenen wurden für den Abriss entschädigt und mussten Fas Baugesellschaft für Modernisierungen nur noch etwas extra obendrauf zahlen. Die überzähligen Wohnungen verkaufte Fa an die zahlreichen Interessenten nun zu dreifachen Preisen. Danach kaufte er sich gleich drei neue Audis in Extra-Langversion für sich und seine Söhne sowie die dazu passenden Nummernschilder mit möglichst vielen Achten. Acht (*ba*) klingt wie *fa*, und *fa* bedeutet: Werden – im Sinne von Fortschritt zu mehr und mehr Reichtum. Und dieser Fortschritt kam: Nur wenige Jahre später hatten chinesische und deutsche Unternehmen in Pingming investiert. Aus dem ehemaligen Dorf mit dem alten Stahlwerk, das gerade zu einem »Kunstzentrum« geworden war, entstand eine boomende Vorstadt. Fa verspürte großen Hunger nach mehr. Doch für »mehr« benötigte er mehr Land. Mittlerweile standen die Investoren Schlange. Viele boten immer größere Summen, um Land in Pingming zu erwerben, das sie mit immer höheren Häusern bebauen konnten. Im Konkurrenzkampf erinnerte sich Fa plötzlich an seinen guten Freund, den Bürgermeister Cai. Fa hatte Cai nicht umsonst zu vielen exquisiten Banketten eingeladen.[5]

Also lud Fa den Bürgermeister Cai zu einem opulenten Essen auf seiner privaten Yacht ein. Cai liebte französische Weine, selbstverständlich nur die allerbekanntesten namens Rothschild oder Châteauneuf-du-Pape, und er schüttete sie die Kehle hinunter, wie Fas alter Vater einst Pekinger Fusel mit 56 Prozent Alkohol. Doch was machte das schon.

Für diesen wichtigen Tag hatte sich Fa etwas Besonderes ausgedacht: »Wer heute in China etwas sein möchte«, sagte er, »der trinkt Champagner der Marke Krug und schlürft dabei nur die frischesten Austern.« Nachdem Bürgermeister Cai seinen Ekel vor roh zu verzehrender Nahrung überwunden hatte, den er mit vielen seiner Landsleute teilte, glitschte so manch schlüpfrige Auster seine Kehle hinab, und der teure Champagner versetzte ihn in beste Stimmung. Unternehmer Fa hatte die schönsten Damen der Stadt in teure Dior-Couture kleiden lassen. Auf hohen Absätzen umschwärmten sie den Bürgermeister, dessen Herz mit dem Gefühl wuchs, der wichtigste Mann im großen Reich der Mitte zu sein. Während er eine ganz in Gold gekleidete Schöne befingerte, hörte er aus weiter Ferne die Stimme seines Freundes Fa: »Kannst du mir heute zusichern, dass ich die Baurechte für das neue Grundstück in Pingming bekomme? Der Geldgott wird es dir lohnen.« Cai nickte nur, ganz von den Liebesbezeugungen der goldenen Schönen in seinen fetten, etwas zu kurzen Armen betört: »Kann ich, kann ich, mein Bruder. Du hast meine Zusage.«

Der Geldgott ist eine sehr wichtige Göttergestalt im religiösen Taoismus. Ihm kommt eigentlich die Aufgabe zu, den Reichtum der Welt unter allen Menschen gerecht zu verteilen. Gerecht aber, so die alte Überlieferung, können Götter und Menschen nur dann sein, wenn sie kein Herz haben. Wer kein Herz hat, der ist in der Lage, sich den Schmeicheleien der Menschen, ihren Gefühlen und Verstrickungen in zwischenmenschliche Beziehungen zu entziehen.

In China waren viele Götterfiguren, bevor sie den weiten taoistischen Himmel betreten durften, einmal Menschen gewesen. Dem späteren Geldgott, einem kritischen, aber unbestechlichen Beamten, wurde daher noch zu Lebzeiten das Herz aus der Brust geschnitten. Da er das nicht überlebte, wurde er schnell zum Gott im Jenseits befördert.

Cai und Fa aber waren keine Geldgötter. Sie hatten sehr große Herzen, die nicht allein aus Übergewicht gewachsen waren, sondern auch weil sie sich als alte Freunde sehr gut verstanden. Ein großes Herz bedeutet, sehr viel Gefühl für jene zu haben, von denen man viel Gutes erhalten kann, weniger »großzügig« im bekannten deutschen Sinne. Wer ein großes Herz hat, der ist äußerst bestechlich oder korrumpiert andere. Fa erhielt das Land, das er brauchte, um noch reicher zu werden und Cai dafür viel Geld auf ein geheimes Schweizer Bankkonto, das auch ihn ein Leben lang mehr als gut hätte versorgen können.

Fa handelte nun schnell. Er ließ alle Gebäude auf allen Baulandanteilen, die ihm gehörten, komplett abreißen, und baute an deren Stelle im großen Stil Villensiedlungen. Die ließ er nach Originalvorbildern aus Fort Lauderdale/Florida kopieren. Zum Vorzugspreis von rund zwei Millionen Euro verkaufte er alle Häuser in nur wenigen Wochen an die neuen Millionäre Chinas oder reiche Investment-Gesellschaften, die diese Villen an Manager ausländischer Firmen vermieteten. Wohin aber nun mit den ehemaligen Arbeitern und denen, die die alten Wohnungen gekauft hatten?

Fa war nicht auf den Kopf gefallen. Er fand sofort eine attraktive Lösung: Zur Versorgung der Arbeiter hatte die ehemalige Fabrik Schweineställe bauen lassen, die seit vielen Jahren einfach leer und vergessen dastanden. Diese ließ Fa nun umbauen und aufwendig erweitern. Er nannte sie in bestem Neu-Chinglisch, einer Mischung aus Chinesisch und Englisch, »Eco-Flats«. Eco ist immer gut, denn Eco kann Wirtschaft genauso wie Umwelt bedeuten. Und Wirtschaft und Umwelt wurden viel beachtet in China und auf der ganzen weiten Welt. Die Ställe lagen ein wenig außerhalb von Pingming, doch Fa ließ gleich eine Straße dorthin bauen, die neuen »Eco-Flats« mit Autostellplätzen versehen, damit die neuen Bewohner ihre neu gekauften

Volkswagen dort abstellen konnten. Gegen geringen Aufpreis natürlich – als »einmalige« Kaufgelegenheit. Dieser Coup spülte weitere Abermillionen von Dollars auf die weltweit verstreuten Bankkonten Fas, der nun überlegte, ob er sich nicht seinen ersten Rolls-Royce direkt aus England importieren lassen sollte. Die deutschen Porsche und BMW in seinem Wagenpark waren gut, aber immer mehr Chinesen fuhren solche Autos, und das war langweilig und für einen Mann seiner Klasse nun nicht mehr angemessen.

Leider waren die »Eco-Flats« teurer als die alten Wohnungen der ehemaligen Arbeiter von Pingming. Viele mussten Kredite aufnehmen und bekamen die auch gleich für nur sechs Prozent Zinsen jährlich bei Fas Investmentbank, sogar ein Prozent günstiger als bei der Staatsbank. Das machte von sich reden, und so kamen noch mehr Menschen nach Pingming, die zu günstigen Konditionen Fas neue »Eco-Flats« kaufen wollten. Die Preise explodierten abermals, bevor sie ein Niveau erreichten, das eine weitere Steigerung unbezahlbar werden ließ.

Viele der ehemaligen Arbeiter kapitulierten. Viele wollten oder mussten weitere Wohnungen kaufen, damit sie ihre Söhne verheiraten konnten. Nur wer eine Wohnung besaß, wurde auch geheiratet. So lautet das harte Gesetz der chinesischen Großstadt. Was also tun? Selbstverständlich hatte Fas Wohnungsbaugesellschaft eine Lösung anzubieten. »Warum mietet ihr nicht erst einmal eine Wohnung? Wir haben da günstige Möglichkeiten im Angebot.« Zähneknirschend unterzeichneten viele der Exarbeiter Mietverträge und nahmen Kredite auf, damit sie für ihre Söhne einen der ehemaligen Schweineställe kaufen konnten. Sie waren als alte Menschen nun wieder dort, wo sie als junge Arbeiter für Mao begonnen hatten: in einer Mietwohnung. Was einst selbstverständlich war und sicher schien, war nun teuer und alles andere als sicher. Wer wusste schon, was Fa künftig mit den Schweineställen oder besser »Eco-Flats« noch vorhatte? Dazu litten die Arbeiter im Zeitalter des sozialistischen Kapitalismus chinesischer Prägung noch unter Schulden. Alles gehörte am Ende einem einzigen Mann: Herrn Fa, der als großherziger Freund des Bürgermeisters Herrn Cai nun wirklich *fa cai* gemacht hatte. Er war so reich geworden, dass er seinen Reichtum nun schon gar nicht mehr genau beziffern konnte.

Herr Cai, der »großherzige« Bürgermeister, lebte übrigens nicht mehr. Die Antikorruptionskampagne der Kommunistischen Partei hatte ihn der mehrfachen Unterschlagung und Vorteilsnahme überführen können, was ausreichte, um ihn hinrichten zu lassen. Doch Herrn Fa kümmerte das wenig, denn er brauchte Cai jetzt nicht mehr. Auf dem Weg grenzenloser Bereicherung konnte er nun allein voranschreiten oder sich nach Bedarf neue Partner suchen.

Gierige Menschen wie Herrn Fa gibt es natürlich nicht nur in China, doch in China gibt es einige von ihnen. Ihre Geschichten machen deutlich, wie sehr menschliche Grundbedürfnisse wie das Wohnen Objekt der Spekulation geworden sind und nicht zuletzt Quelle des beeindruckenden Reichtums, den manch ein Zeitgenosse in China angehäuft hat. Der Gier sei's geschuldet.

大肚能容

Chinas dicker Bauch
Warum es am Ende auf die Menschen ankommt

An einem kalten Wintertag vertäute der Fischer Zhang Zhongtian aus dem Dorf Changding bei Fenghua in der Provinz Zhejiang sein Floß am Ufer. Nach einer eisigen Nacht auf dem Wasser kehrte er nun müde und frierend von der Arbeit nach Hause zurück. Er hatte nur fünf kleine Fische gefangen, doch er war froh, dass wenigstens seine Frau und er etwas zu essen hatten. Es waren unsichere Zeiten, denn die große Tang-Dynastie stand nach fast dreihundert Jahren Herrschaft über das Land kurz vor ihrem Zusammenbruch. China drohte zu zerfallen. Für die kleinen Leute wie Zhang Zhongtian ging es um das tägliche Überleben.

Als er gerade hinauf ans Ufer stieg und zurückblickte, sah er etwas Seltsames: Flussaufwärts unter der großen Brücke am Yuelin-Tempel trieb eine dünne Eisscholle auf dem Wasser. Auf dieser Eisscholle saß ein Mensch! Sie trug ihn, sehr schwer konnte er daher nicht sein. Zhang Zhongtian kniff seine müden Augen zusammen und schaute angestrengt zur Brücke hinüber. Auf der Eisscholle saß ein Kind, ein Knabe, vielleicht sieben oder acht Jahre alt. Bekleidet war er nur mit einem roten, zerschlissenen Leibchen. Bei diesem eisigen Winterwetter hätte er eigentlich längst erfroren sein müssen. Aber der Junge strotzte vor Energie und lachte Zhang entgegen. »Was für ein hübscher Junge«, dachte der Fischer, »wie aus einem Neujahrsglücksbild herausgeschnitten.« Tatsächlich war der Knabe wohlgenährt, hatte einen runden Kopf und einen ebenso runden Bauch. Hände und Schenkel glänzten rosig und frisch, waren rund wie Mantou-Brötchen und weich wie frischer weißer Tofu. Mit seinem ebenso runden kleinen Hintern saß der Junge auf einem Stoffsack und hörte einfach nicht auf, dem Fischer mitten ins Gesicht zu lachen.

Fischer Zhang war kinderlos, und diesen Jungen schien der Himmel geschickt zu haben. Er war fasziniert vom Anblick des Knaben, der offenbar zu niemandem gehörte oder sogar ausgesetzt worden war. Zhang Zhongtian war ein einfacher Mann, er dachte nicht groß darüber nach, ob das, was er nun tat, rechtens war oder nicht. Er handelte, wie er auch Fische fing. Wenn sich eine gute Gelegenheit für einen Fang ergab, warf er die Netze aus und wartete gespannt, was sich darin verfing.

Heute war ihm der größte Fang seines Lebens geglückt. Der lang ersehnte Sohn, ein Nachfahre, dem er seinen Namen weitergeben und den er zum Fischer und Bauern erziehen konnte. Denn davon lebten die

Zhangs und alle anderen Menschen in der Gegend: von Reis und Fisch.

Zhang Zhongtian nahm den fremden Jungen an die Hand und führte ihn mit nach Hause. Der Junge umklammerte seinen Stoffsack und sprach kein Wort, ging aber willig mit – und lachte. »Ob er vielleicht nicht ganz richtig im Kopf ist?«, dachte Zhang unterwegs, dann aber vertrieb die Freude über seinen Fang diese Gedanken schnell. Ihm war selbst zum Lachen zumute, während er das Findelkind an der Hand hielt. Eine merkwürdige positive Kraft ging von dem Jungen aus.

Zu Hause angekommen, war Zhangs Frau ebenfalls entzückt von dem Knaben, dem der strenge Winter nicht das Geringste anzuhaben schien. Sie waren sich schnell einig: »Den behalten wir.« Sie nannten ihn Qieci, was so viel heißt wie »Versprich es mir«, denn sie glaubten, dass der Junge ihnen viel Glück und ein langes Leben bescheren würde. Als Beinamen gaben sie ihm ihren Ortsnamen Changding mit auf den Weg, damit er sich immer daran erinnern möge, wo seine Wurzeln lagen. Heimat und Familie waren schließlich das Wichtigste im Leben.

Die Jahre vergingen. Aus dem rundlichen kleinen Findling war nun ein echtes Familienmitglied der Zhangs geworden. Er half seinem Ziehvater beim Fischen und dem Bestellen der Felder. Jeder kannte ihn und erkannte ihn sofort, denn er war kahlköpfig, obwohl noch keine zwanzig Jahre alt, hatte einen Kugelbauch und ein

Gesicht, das rund wie das Teetablett des Grundbesitzers war, für den Zhang und die anderen arbeiten mussten. Das Gesicht schmückte ein auffallend großer Mund, der unentwegt lachte. Qieci war keine Schönheit, aber er war ausgesprochen gutherzig und so knuddelig, dass jeder im Dorf ihn einfach anfassen musste. Besonders gern streichelten ihm die Menschen über seinen großen runden Bauch, wobei der junge Mann stets in schallendes Gelächter ausbrach. Die Menschen waren abergläubisch. Es hieß, wer Qiecis Bauch gestreichelt hatte, dem sollte besonderes Glück widerfahren.

Besonderes Glück war der kleinen Zhao vergönnt. Nachdem sie Qieci gleich dreimal mit ihrer zierlichen Hand über den Bauch gestrichen hatte, vergingen keine drei Monate, und sie wurde die Frau des jungen Aufsehers Mao, der für den Grundbesitzer arbeitete. Damit war ihr und ihrer Familie bis an ihr Lebensende ein sicheres Einkommen garantiert. Was brauchte man mehr? Qieci war offenbar eine Art Geldgott, und die Menschen taten gut daran, immer wieder seinen großen Bauch zu berühren.

Früh hatte der Junge aber noch eine andere Gabe gezeigt: Er konnte lesen und schreiben. Die Bauern fragten sich, wie er das wohl fertiggebracht hatte, denn niemand unter ihnen konnte seinen Sohn zu einem Lehrer schicken, der ihn hätte unterweisen können. Auch Zhang Zhongtian nicht. Doch Qieci nutzte jeden freien Moment, um zu den Mönchen im nahen Yuelin-Tempel zu gehen. Dort lernte er schnell, chinesische

Schriftzeichen zu lesen, und las fortan die Sutras, die die Mönche rezitierten. Aus diesem Grund ließ Zhang Zhongtian seinen erwachsenen Ziehsohn in den Yuelin-Tempel eintreten. So konnte sich Qieci in den buddhistischen Schriften bilden und blieb gleichzeitig dem Dorf Changding erhalten. Er war ein echter Landbewohner, dessen Wurzeln fest mit den Reisfeldern und den Fischen der fruchtbaren Gegend verbunden waren. Auch die anderen Dorfbewohner wollten Qieci gern im Dorf behalten. Sie alle mochten ihn sehr und nannten ihn den »Mönch, der das Glück anzieht«.

In jedem Frühling galt es, die jungen Reissetzlinge auf die Felder auszubringen. Dies ist auch heute noch so, aber in jenen Jahren, als Qieci in Changding lebte, war es die wichtigste Zeit im Leben der Menschen dort. Das Neujahrsfest war vorüber, die Menschen hatten sich richtig satt essen können, und nun wurde alle Kraft gebraucht, um die Felder zu bestellen. Doch viele Familien hatten nicht genügend Arbeitskräfte, und Tagelöhner konnten sich die armen Bauern in der Regel nicht leisten. Also war man auf gegenseitige Nachbarschaftshilfe angewiesen. Jeder wusste, dass er sich auf den kräftigen und immer gut gelaunten Qieci verlassen konnte. So sprach zunächst ein Sohn der Nachbarsfamilie Zhang Qieci an, ob er ihm nicht beim Reispflanzen behilflich sein könne. »Selbstverständlich«, sagte Qieci. Doch kaum hatte er sich die Reisstrohsandalen ausgezogen, um barfuß in Nachbar Zhangs Feldern die Setzlinge zu stecken, kam schon der Spross der Familie Li zu ihm und bat ihn ebenfalls um Nachbarschaftshilfe. »Klar«, sagte Qieci, »kein Problem, mach ich.« Und kaum hatte er sich umgedreht, tippte ihn schon der Nachwuchs der Familie Zhao verlegen an die Schulter und fragte, ob er nicht auch ihm behilflich sein könne. Lachend sagte Qieci zu, und als dann auch noch einer der vielen Söhne der Familie Wang händeringend um Hilfe bat, lachte Qieci nur laut und sagte: »Ich helfe euch allen, kein Problem.« Qieci ging so fleißig, anspruchslos und optimistisch ans Werk, dass es ihm gelang, die Setzlinge aller Nachbarn rechtzeitig auf die Felder zu bringen.

Nun war es Brauch, dass jeder den, der ihm beim Reispflanzen geholfen hatte, zum Essen einlud. Die vier Familien, denen Qieci geholfen hatte, kamen zu Zhang Zhongtians Haus, um dessen Ziehsohn abzuholen. Doch mit wem sollte Qieci mitgehen? Die Nachbarn stritten sich lauthals, wer denn nun das Vorrecht habe, den fleißigen Helfer zu bewirten. Qieci, dem die ganze Aufregung galt, war das fürchterlich peinlich. Schließlich hatte er nur helfen wollen, und nun war seinetwegen zwischen den Nachbarn ein heftiger Streit ausgebrochen. Da gab es nur eine Lösung: Entspannung der Lage durch Flucht. Qieci machte sich, so schnell er konnte, aus dem Staub.

Meist aber ließ der »Mönch, der das Glück anzieht« sein unnachahmliches Lachen hören und zeigte damit allen, dass er gern spielte und zugleich listig sein konnte, wenn schlaues Verhalten gefordert wurde. Wieder war die Zeit zum Reispflanzen gekommen, denn im Süden Chinas beschäftigten sich die Bauern über viele Jahrhunderte lang ständig mit ihren Reisfeldern. Qieci beschloss, mit seinen vier Nachbarn eine Wette darüber abzuschließen, dass er allein sein Feld von zwei Mu Fläche schneller bepflanzen könne als die vier zusammen ein Feld von gleicher Größe. Die vier lachten, als sie den Wettvorschlag hörten, und meinten nur: »Du bist zwar ein schlauer Mönch und Glücksbringer – aber gegen uns kräftige Burschen willst du gleichzeitig antreten und dann noch schneller sein als wir zusammen? Das wird auch dir nicht gelingen.«

Die vier gingen mit großer Geschwindigkeit an die Arbeit, und schon bald hatten sie einen solchen Vorsprung herausgearbeitet, den Qieci unmöglich hätte einholen können. Nun gab es im Süden Chinas außer Reis noch Fische. Daher wird die Gegend gern auch traditionell »Heimat von Reis und Fisch« genannt. Qieci machte sich das zunutze, fing einen fetten Karpfen und spekulierte darauf, dass dieser ihm Glück bringen würde. »Karpfen« klingt auf Chinesisch genauso wie »Nutzen« oder »Vorteil«, und so kam ihm dieser Glücksbote gerade recht. Unbeobachtet setzte er den Fisch in das Reisfeld seines ersten Nachbarn. Der sah den Fisch bald im schlammigen Wasser des Feldes zappeln und dachte: »Was für ein fetter Fisch.« Er unterbrach seine Arbeit und versuchte das Tier zu fangen, doch jeder Versuch missglückte, und nach vielen vergeblichen Anstrengungen sprang der Fisch vor die Füße des zweiten Nachbarn. Der unterbrach ebenfalls seine Arbeit, als er den fetten Karpfen sah, und griff in die braunen Fluten, um das Tier zu fangen. Er versuchte es erneut und immer wieder erfolglos, bis das Tier sich mit einem kraftvollen Sprung vor die Setzlinge des dritten Nachbarn rettete. Hier begann das Spiel aufs Neue, und auch der vierte Nachbar versuchte sein Glück, den fetten Karpfen zu fangen.

In der Zwischenzeit war Qieci fleißig gewesen und hatte sein Feld komplett bepflanzt. Die vier Nachbarn hingegen hatten die Wette verloren. Da hielt sich der listige Mönch den runden Bauch vor Lachen.

Sie werden sich fragen, warum erzähle ich diese alte Geschichte? Qieci, unter Chinesen bekannt als Budai, unter Japanern als Hotei, was nichts anderes heißt als »Stoffsack«, verkörpert die chinesische Seele. Auch wenn ich der Gefahr erliege, mit Seele einen arg strapazierten Begriff des frühen 20. Jahrhunderts zu verwenden[1], so möchte ich gern an ihm festhalten, denn die »Seele« ist im Bauch verortet und so etwas wie die Grundlage für die menschlichen Gefühle, um die es in diesem Buch geht.

Vergegenwärtigen Sie sich bitte noch einmal den Helden unserer Geschichte: den äußerst beachtlichen Kugelbauch, den Stoffsack in der prallen Hand, sein unaufhörlich lautes Lachen.

Einmal fragte ein neugieriger Zeitgenosse Budai, was er in seinem Stoffsack trage. Da stellte dieser den Sack wortlos vor die Füße des Neugierigen. Der Sack enthielt offenbar nichts. Auf die Frage, welche Lehre man denn daraus ziehen könne, schulterte der rundliche Mönch seinen Sack und machte Anstalten weiterzuziehen. Der Mann insistierte, wollte nun wissen, warum dieser kauzige Mönch einen leeren Sack mit sich herumschleppte. Budai schaute ihn kurz an und brach dann in ein so herzhaftes Lachen aus, dass sein enormer Bauch nur so bebte und die Aufmerksamkeit der anderen Passanten auf sich zog. Dann ging er einfach seines Weges.

Andere Zeitgenossen wussten zu berichten, dass alles, was die Menschen Budai unterwegs an Almosen zukommen ließen, in diesem Sack verschwand. Doch nie erweckte der Sack auch nur den Anschein, voll zu werden – im Gegenteil: Niemand sah je, dass etwas, was der Bettelmönch in seinem Sack verstaut hatte, auch wieder herauskam. Der Sack schien leer, ohne wirklich leer sein zu können.

Nun zogen einige Menschen daraus die Lehre, die Besitzlosigkeit sei der rechte Weg, den der Stoffsackmönch ihnen damit weisen wollte. Allerdings, so scheint es, waren dies eher Japaner, denn besitzlose Bettelmönche sieht man im heutigen China weit seltener als in Japan, wo sie gern direkt neben den größten Kaufhäusern und Shopping Malls stehen, als wollten sie zeigen, dass das Leben auch ganz anders gelebt werden kann. Weit mehr Menschen jedoch zieht es in Kyoto, Osaka oder Tokio und noch mehr in Shanghai oder Peking in diese riesigen Kaufhäuser, um sich ihre »Stoffsäcke« gut zu füllen. Besonders in China sind die Menschen ja nach all den Jahrzehnten bescheidenen Lebens noch immer vom Konsumhunger gepackt, was immer wieder zu weltweiter Knappheit an Luxusuhren, Babymilchpulver, Reiskochern und ähnlichen praktischen Alltagsdingen geführt hat. Denn der leere Sack und sein Träger machen keine Aussage und keine Vorschriften darüber, ob man den Sack nicht genauso gut füllen sollte. Da war niemand, der die Geldwechsler aus dem Tempel warf oder die Menschen dazu aufrief, dem »Kaiser zu geben, was des Kaisers« sei (Markus 12,13–17). Stattdessen zog ein seltsamer Heiliger, den die Menschen bald als Buddha verehrten, durch die Lande und lachte nur, wenn er auf das Mysterium seines Stoffsacks, auf das »Haben und Nichthaben« angesprochen wurde.

Natürlich gilt auch das Überfressen in China als eine Untugend, denn schließlich war es gerade der heute wieder gern zitierte Konfuzius, der das Prinzip von »Maß und Mitte« vertrat. Doch Konfuzius mag das Denken vieler Menschen in China stark beeinflusst haben, das Bauchgefühl einer guten Gelegenheit, sich den »Stoffsack« zu füllen, konnte er nicht unterbinden.

Auffällig ist auch, dass Budai sich nicht festlegt. Der Mönch ist immer unterwegs, stellt seinen leeren Sack ab, füllt ihn mit Gaben, und wenn der rechte Moment gekommen ist, zieht er weiter, die Gaben verschwinden, keiner weiß, wohin – einzig der dicke Bauch lässt vermuten, dass es Budai dabei nicht so schlechtgehen kann. Er bewegt sich zwischen Fülle und Leere, zwischen Schwarz und Weiß, zwischen Plus und Minus. Sicher ist nur, dass er sich nicht festlegt. China hat das Prinzip des ständigen Wandels zum Grundprinzip seiner Stabilität gemacht, und genau diese Wandlungen sind es, die das Land und seine Gesellschaft so lange stabil gehalten haben. »Das Buch der Wandlungen« (das Yi-Ging, M.H.), so schreibt sein deutscher Übersetzer Richard Wilhelm, »ist auf der Erkenntnis aufgebaut, dass nicht die ruhenden Zustände die letzte Wirklichkeit sind, sondern das geistige Gesetz, von dem das Geschehen seinen Sinn und Impuls dauernder Wandlung erhält.«[2] Daher ist es besser, nichts festzuhalten, sich über die vergänglichen Wonnen eines herzhaften, ländlichen Essens zu freuen und über ein Unglück nicht zu lange zu trauern, sondern vielmehr Lösungen zu suchen, um schnell in die Zukunft zu blicken. Die meisten Chinesen schreiten zügig im Fluss der Entwicklungen voran – so wie der Mönch mit seinem Stoffsack.

Qieci lacht fast permanent. Schon als Zhang Zhongtian das Findelkind aus dem eisigen Wasser des Flusses fischt, lacht der junge Budai. Lauthals lacht er, als ihn, den jungen Erwachsenen, gleich vier Nachbarn gleichzeitig um Hilfe bitten. Er lacht über die Komik der Situation, die er trotzdem meistern kann. Er lacht über die Einfalt der Bauern, die durch seine List eine Wette verlieren. Qieci bleibt bis zu seinem Tode Optimist. Singend und lachend verschwindet er keineswegs stillschweigend im Nirwana.

Das ständige Lachen des Budai bestätigt einen Satz, den Richard Wilhelm einmal als »Kraft der Kindlichkeit«[3] bezeichnet hat, die in der chinesischen Volksseele stecke: »So alt das chinesische Volk auch ist, es hat nichts Greisenhaftes an sich, sondern lebt aus der Harmlosigkeit, wie sie Kindern eigen ist.«[4] Ob Kinder wirklich immer so »harmlos« sind, wie Wilhelm hier als evangelischer Theologe unterstellt, bleibt natürlich fragwürdig. Auch ein Kind kann aus unbedachter Schadenfreude lachen oder andere unbarmherzig auslachen.

Trotzdem oder gerade deswegen lässt sich »Chinas Bauch« in die Nähe kindlicher Emotion rücken, lässt sich »Chinas Seele« mit dem ständigen Lachen des Budai verbinden: »Säuglinge lachen aus lauter Lebenslust und ahnungslos somatischer Weltfreude«, schreibt Rudolf Helmstetter in einem Sonderheft der Zeitschrift *Merkur* mit dem Titel *Lachen. Über westliche Zivilisation.*[5] Die »Weltfreude« in China ist zwar nicht mehr die ahnungslos optimistische eines Säuglings, doch »somatisch« ist das Lachen allemal. Es ist das Symbol einer einfachen Weltsicht, die Dinge ungern kompliziert. Es lohnt sich, sich über die schönen Dinge zu freuen, die unmittelbar vor einem liegen. Entsprechend spontan können Wut oder Zorn wie ein Gewitter ausbrechen, liegen unangenehme Dinge im Weg. Am Ende aber gewinnt das Lachen zum Glück meist die Oberhand, und die Streitigkeiten von heute sind morgen schon vergessen. Das liegt nicht zuletzt daran, dass das Lachen des Budai »vom Grunde des Herzens« kommt, aus dem tiefsten Inneren seines Bauches.

Budai (oder Hotei) ist ein sehr populärer Buddha. Aber er ist nur einer unter unzähligen seiner Art, unter all den Geistern und Göttern, die nicht nur den Himmel, sondern eben auch die Erde Ostasiens besiedeln. »Mit dem Monotheismus wird alles ernster, und das Lachen hat ein Ende«, und mit dem »neuen Testament hört das Lachen auf«, schreibt Helmstetter auch mit Blick auf Europa[6], wo das Leben von den Griechen bis in die Neuzeit hinein immer ernster geworden ist – und man sich zum Beispiel mit dem finsteren Humor von der Art der Komikertruppe Monty Python aus der erzwungenen Ernsthaftigkeit seines christlichen Erbes befreit oder zumindest den Versuch startet, sich zu befreien. So ganz gelungen scheint das nicht: »Undenkbar, dass der alttestamentliche Gott, der Inbegriff des Erhabenen, wie die Olympier in Lachen ausbricht«, kommentiert Christoph Türcke die »Verernstung« der westlichen Welt mit dem Siegeszug des Monotheismus.[7] Da der alttestamentliche Gott der Stammvater des christlichen wie des islamischen Gottes ist, ist die Humorlosigkeit einiger islamisch gläubiger Zeitgenossen, die zu den Mordanschlägen auf dänische und französische Karikaturisten führte, leicht verständlich. Dabei schließt diese erschreckende Tradition einer Humorlosigkeit genauso die christliche Welt mit ein.

Es scheint mir fast, es wäre zumindest für die Frage des Humors besser gewesen, wir hätten die Götter der Griechen und Römer mit denen unserer germanischen Vorfahren vereint und so das kunterbunte Allerlei einer Götterwelt geschaffen, in der für jeden etwas dabei ist und uns eine Art europäischer Budai aus vollem Herzen, nicht Halse, auslacht.

Kurz vor seinem Tod soll Budai – selbstverständlich lachend – ein Lied gesungen haben, das mit folgenden Worten begann: »Maitreya, der echte Maitreya, erscheint in tausenderlei Gestalt.« Damit wusste er: »Ich bin nicht allein« – und wer könnte das intensiver fühlen als ein Mensch aus China. Wie Budai weiß er, dass er, trotz möglicher großer Erfolge im Leben, nur einer unter vielen und am Ende nur eine kleine Nummer ist. Das macht es leichter, über sich selbst zu lachen. »Persönliches Recht« bis zu »titanischem Stolz«, wie Richard Wilhelm mit Blick gen Westen überzogenen Individualismus nannte[8], sind trotz fortgeschrittener »Verwestlichung« Chinas nicht Wert Nummer eins. Wenn es in den USA oder in Deutschland hingegen um »mein Recht« geht, hört für viele Menschen oft der Spaß auf, wurden wir doch schon in unserer Kindheit permanent mit dem konfrontiert, was recht und unrecht, was gut und was schlecht sei.

Es ist nicht leicht, auf »sein Recht« zu verzichten. Ich selbst musste es bitter lernen, hinterher über mich zu lachen, obwohl mir nun wirklich nicht zum Lachen zumute war, als ich wütend einsehen musste, dass ich mit Mietvertrag und deutschem Rechtsempfinden nicht erreichen konnte, weiter in dem alten Shanghaier Haus zu wohnen, das acht Jahre lang das Zuhause meiner Familie gewesen war. Sie erinnern sich an die Geschichte aus dem »Wut«-Kapitel?

Wir einigten uns schließlich am Ende auf den typischen Kompromiss: Hausbesitzer Li war bereit, uns noch einen Monat für die Wohnungssuche einzuräumen. Wir akzeptierten seinen Vorschlag, wohl wissend, dass es ohnehin nichts bringen würde, weiter auf unser vertraglich »verbrieftes« Recht zu bestehen und noch zwei weitere Monate in einem Wohnhaus auszuharren, wo wir dann ständig mit neuen »Attacken« von Menschen rechnen mussten, die uns lieber gestern als morgen los wären. Also gingen wir vorzeitig auf Wohnungssuche. Nach zwei Wochen hatten wir dann auch etwas Ansprechendes in nächster Nachbarschaft zu Lis Haus gefunden und konnten wenigstens in jenem Wohnviertel bleiben, das damals in Shanghai unser Zuhause geworden war.

Wenn ich heute darüber nachdenke, wie ich damals triumphierend meinen Mietvertrag schwenkte, zunächst auf mein doch schriftlich verbrieftes Recht pochte, so muss ich unwillkürlich lächeln. Selbst wenn ich vor Gericht gewonnen hätte, hätte ich doch nur bis zum Vertragsende wohnen bleiben können. Für zwei weitere Monate. Vorher wäre dafür viel Energie und Geld aufgewendet worden – so kann ich am Ende sagen: »Ich kann es eh nicht ändern – und was macht das eigentlich schon?«

Für die Dinge, die man loswerden will, hat man einen »dicken Bauch« wie Budai. Und in den passt eine Menge hinein: »Der große Bauch kann gefüllt werden, gefüllt mit all den Dingen, die die Welt nicht erträgt«, weiß Chinas Volksmund. Das ist die Quintessenz der guten Wirkung, die von Budai ausgeht. In seinen Bauch gehen schlechte wie gute Dinge hinein, der Bauch lädt ein, ihn zu füllen, genauso wie seinen Stoffsack. Das birgt Chancen und Gefahren zugleich. Die Gefahren liegen eben im Überfressen, in der Gier nach »Immer mehr und mehr«. Ein Immobilienhai wie Herr Fa aus der vorangegangenen Geschichte *Unersättlichkeiten* wird sich genauso gern einen lachenden Budai als Glücksbringer ins Foyer seines Firmenhauses setzen, wie einer seiner Gläubiger sich heimlich eine kleine Budai-Figur aufstellt und täglich ihren runden Bauch berührt, in der Hoffnung, er möge doch seine Sorgen nehmen. Hier ist der »Dickbauch« leider nicht festgelegt, obwohl sein Äußeres mehr auf den Besitzlosen denn auf den Besitzenden verweist.

Der Bauch des Budai für sich genommen symbolisiert nicht zuletzt das chinesische Volk. Der Kopf könnte in gewisser Weise auch die Genugtuung der Herrscher widerspiegeln, die darüber breit grinsen können, wenn der dicke Bauch des Volkes in der Lage ist, alle Sorgen, Missstände und Unzufriedenheit einfach zu schlucken, die sich ansonsten längst gegen den »Kopf« hätten entladen können: »Der große Bauch kann alle Dinge der Welt in sich aufnehmen«, heißt es daher an anderer Stelle und: »Ein weiter Darm verdaut alle Sorgen der Menschheit.« Das Volk erträgt viel an Schmerz und Leid, bevor es sich wirklich gegen die vermeintlichen Verursacher desselben richtet. Und das Gute daran: Anders als in den monotheistischen Religionen, in denen oft nur das »Jenseits« auf eine bessere Welt hoffen lässt, signalisiert Budai: »Nun hast du deine Sorgen in meinen Bauch hineingestopft. Alles halb so schlimm – nun arbeite fleißig daran, dass es bald besser wird.« Diese Grundeinstellung führt dazu, dass in China innerhalb kürzester Zeit neue Dinge entstehen und neue Ideen lichtschnell in die Tat umgesetzt werden können. Auch das kommt vielen »Führern« aus Politik und Wirtschaft heute sehr entgegen.

Auch die Verliebtheit des Ostens in gutes Essen passt zum Bauch des Budai oder umgekehrt. Das ist natürlich die direkteste Assoziation, die der dicke Bauch bietet. Und das Essen ist, wie im Fortgang dieses Buches mehrfach bestätigt, nun einmal eine der entscheidenden, wenn nicht die entscheidende Freude des Daseins. Mit dieser Überzeugung habe ich mein Buch eröffnet, und damit möchte ich es auch (fast) schließen.

Im Vergleich zur runden, feisten Gestalt des Budai wirkt der indische Maitreya, die ursprüngliche Version des Buddha der Zukunft, wie ein Hungerleider. Sein Vorbild ist Siddharta Gautama, der historische, also »aktuelle« Buddha Shakyamuni, dem der künftige folgen soll. Doch das ist je nach Auffassung erst nach mehreren tausend Jahren so weit, anderen strikteren Quellen zufolge erst dann, wenn die Menschen »80 000 Jahre« alt würden, was gleichbedeutend ist mit in unbestimmter Zukunft, die wohl nie zur Gegenwart wird.

So lange konnten die diesseitsfreudigen Chinesen und Japaner nicht warten. Ihr »Buddha der Zukunft« war als Bettelmönch Budai oder Hotei längst da und sicher schon auch noch einige Male mehr, wo er nicht oder nur von wenigen erkannt wurde:

Maitreya, der echte Maitreya,
erscheint in tausenderlei Gestalt.
Oft zeigt er sich den Menschen, die ihn erkennen,
zu anderen Zeiten erkennen sie ihn nicht.

Besser als in den Kontrastbildern des schlanken Asketen und des runden Knuddelmönchs könnte der Unterschied zwischen indischer und chinesischer Philosophie nicht verbildlicht werden. Indien brilliert in der Verneinung der stofflichen Welt, China in ihrer Bejahung. Beide großen Kulturen des Ostens sind in diesem Punkt wie Feuer und Wasser, wie Plus und Minus.

Solange Chinesen mit ihren Gefühlen auf der Erde verwurzelt bleiben, halten sich diese in gegenseitiger Balance. Zorn wechselt mit Wut, Hass wird wieder abgelöst von Liebe und so weiter.

Nicht China, sondern die Menschen, die in China leben, sollten uns in erster Linie interessieren. »Die Menschen sind es!« Wie recht hatte meine alte Freundin und China-Kennerin Eva Siao. Die Menschen, die sich freuen, die zornig sind, die trauern, Angst haben, lieben, hassen und mit allen Sinnen das Leben genießen wollen.

Anmerkungen

Warm, satt, dunkel und süß

1 Lin, Yutang. *Die Weisheit des lächelnden Lebens*. Übersetzt von
W. E. Süskind. Frankfurt / M.: Büchergilde Gutenberg, o. J.,
S. 66.
2 Goleman, Daniel. *Emotionale Intelligenz*. München: Hanser,
1996, S. 65 ff.
3 Yu, Hua. *China in zehn Wörtern. Eine Einführung*. Übersetzt von
Ulrich Kautz. Frankfurt / M.: S. Fischer, 2012.

FREUDE

1 Zhuangzi. *Das wahre Buch vom südlichen Blütenland*. Übersetzt
von Richard Wilhelm. Angkor-Verlag, 2014.
2 *Die 33 glücklichen Augenblicke des Jin Shengtan*. Übersetzt von
Martin Bödicker. Verlag Boedicker, 2014.
3 »Darauf achten, die fünf großen Probleme im ›Gemüsekorb‹
zu lösen *(guanzhu jiejue hao ›cai lanzi‹ wu da wenti)*« http://
news.xinmin.cn/domestic/gnkb/2010/11/18/7782786.html,
eingesehen am 01.10.2014.
4 Lin, Yutang. (o. J.), S. 278.
5 Die Ergebnisse des Jahres 2013 sind bis zum 85. Rang
gelistet unter http://en.wikipedia.org/wiki/World_Happiness_
Report#cite_note-3.
6 *World Happiness Report*, S. 32. Der beste mögliche Wert ist 10,
der schlechteste 1. Der Wert 5 signalisiert die Mitte.

7 Tcheng, Ki-Tong (Chen Jitong). *Les Plaisirs en Chine*. Paris: Charpentier, 1890, S. 121.

8 Yan, Kuo-Shu. »Chinese Personality and its Change«, in: Bond, Michael H. *The Psychology of the Chinese People*. Hongkong: Oxford University Press, 1987, S. 141.

9 Yi, Zhongtian. »Die hervorgegessene Blutsbeziehung *(Chi chu lai de xueyuan)*«. Kantoner Zeitung *(Guangzhou Ribao)*, 18.03.2008.

10 Lin, Yutang. (o. J.), S. 97.

11 Die Übersetzung ist ein Auszug aus dem Sketch *Die Zeitarbeiterin (Zhongdian Gong)* mit Zhao Benshan und Song Dandan. Neujahrsgala des Fernsehsenders CCTV (2000).

WUT

1 http://news.163.com/12/0710/05/861FB37200014AED.html.

2 Galen von Pergamon (130–200) war der führende Mediziner seiner Zeit und hat die Vier-Säfte-Lehre des Hippokrates mit den Bestandteilen gelbe Galle, schwarze Galle, Blut und Schleim zur sogenannten Temperamentenlehre weiterentwickelt. Demnach ist der Mensch, dessen Leber zu viel gelbe Galle produziert, ein »Wutmensch«, ein Choleriker, bei zu viel schwarzer Galle ein trauriger Mensch, ein Melancholiker. Fließt zu viel Blut, dann entsteht ein temperamentvoller, eher heiterer Charakter, ein Sanguiniker eben, und bei zu viel Schleim wird der Mensch ein Phlegmatiker, ein langsamer, eher schwerfälliger Charakter.

3 http://www.people.com.cn/GB/32306/33232/13307302.html.

4 Die hier gesammelten und übersetzten Meinungen entstammen: »Die Wut der Chinesen staut sich auf *(Zhongguoren de nuqi baopeng)*« http://www.miercn.com/article/201107/70600.html und »Chinesen geraten plötzlich immer leichter aus der Fassung *(Zhongguoren ren de piqi zha yuelaiyue huai)*« http://www.people.com.cn/GB/32306/33232/13307302.html. Beide Quellen eingesehen am 09.10.2014.

5 Vgl. Hernig, Marcus. *China. Ein Länderporträt*. Berlin: Ch. Links, 3. Auflage 2014, S. 119.

6 Wert von 2013. (https://www.cia.gov/library/publications/

the-world-factbook/rankorder/2172rank.html, eingesehen am 13.03.2015)

7 Hernig. (2014), S. 124.

TRAUER

1 Nach: http://www.gmw.cn/01ds/2008-05/28/content_782638. htm, Blogeintrag vom 28.05.2008, eingesehen am 22.10.2014.

2 Nach: http://blog.sina.com.cn/cendanping1211, Eintrag vom 17.05.2008, eingesehen am 22.10.2014.

3 Nach: http://ytwj519.blog.sohu.com/89799959.html, geschrieben am 11.06.2008, eingesehen am 22.10.2014.

4 Nach: http://ytwj519.blog.sohu.com/89799959.html, geschrieben am 11.06.2008, eingesehen am 22.10.2014.

5 Grube, Katherine. »Ai Weiwei Challenges China's Government over Earthquake.« http://artasiapacific.com/ Magazine/64/AiWeiweiChallengesChinasGovernment OverEarthquake, eingesehen am 24.10.2014.

6 Zahlenangaben nach U.S. Geological Survey. http:// earthquake.usgs.gov/earthquakes/world/historical.php, eingesehen am 22.10.2014.

7 »Sichuan Earthquake and the Chinese Response.« http:// archrecord.construction.com/community/editorial/archives/ 0807.asp, eingesehen am 22.10.2014.

8 Chang, Jung/Halliday, Jon. *Mao. Das Leben eines Mannes. Das Schicksal eines Volkes.* München: Pantheon Verlag, 2007, S. 17.

9 Yu, Hua: *China in Ten Words.* London: Duckworth Overlook, 2012, S. IX.

10 So der Kommentar von »Lin Hai Yi Xian« am 22.03.3009. http://zhidao.baidu.com/question/90648417.html, eingesehen am 24.10.2014.

11 Blogeintrag vom 17.05.2008, http://blog.sina.com.cn/s/ blog_513096ef01009ea3.html, eingesehen 24.10.2014.

12 Beispiele nach: zhidao.baidu.com/question/ 64742259. html?fr=qrl&index=1&qbl=topic_question_1, eingesehen am 24.10.2014.

13 http://wiki.china.org.cn/wiki/index.php/Chen_Guangbiao, eingesehen am 24.10.2014.

14 Gray, John Henry. *China. A History of the Laws, Manners and Customs of the People.* Mineola / New York: Dover edition (Neudruck der Ausgabe von 1878), 2002, Bd. I, S. 285.

15 Mitscherlich-Nielsen, Margarete. *Die Radikalität des Alters. Einsichten einer Psychoanalytikerin.* Frankfurt / M.: Fischer, 2010.

ANGST

1 Geschätzt nach http://www.car-accidents.com/country-car-accidents/china-car-accidents-crash.html. Offiziell liegt die Zahl der Verkehrstoten jährlich bei rund 100 000, die Zahl der Verletzten bei 470 000. Die Weltgesundheitsorganisation (WHO) schätzt, dass die wirkliche Zahl der Verkehrstoten bei 250 000 liegt. Analog ist es daher wahrscheinlich, dass tatsächlich rund eine Million Menschen im Straßenverkehr verletzt werden.

2 »Gesetz zur Sicherheit auf Chinas Straßen *(Zhonghua renmin gongheguo daolu anquan fa)*«, Artikel 5, § 76, Absatz 2.

3 Videobotschaft unter www.56.com, eingesehen am 11.10.2014.

4 Zitiert nach http://www.jsedu.net.cn/html/dt/shishi/2013/0506/24393.html, eingesehen am 12.11.2014.

5 Über die Tat berichtete http://edu.hsw.cn/system/2010/12/10/050713240.shtml, eingesehen am 12.11.2014.

6 http://news.xinhuanet.com/edu/2013-09/18/c_117427559.htm, eingesehen am 12.11.2014.

7 www.panikattacken.at. Hans Morschitzky ist Autor des Buches *Die zehn Gesichter der Angst. Ein Handbuch zur Selbsthilfe.* München: Deutscher Taschenbuch Verlag, 2005.

8 Warwitz, Siegbert A.: *Sinnsuche im Wagnis. Leben in wachsenden Ringen.* Baltmannsweiler: Schneider Hohengehren, 2001.

9 The Economist vom 28.06.2014, http://www.economist.com/news/china/21605942-first-two-articles-chinas-suicide-rate-looks-effect-urbanisation-back, eingesehen am 13.11.2014.

10 Nach Statistiken der Chinesischen Vereinigung für geistige Gesundheit des Jahres 2008.

11 »Schulstress treibt Chinas Schüler in den Suizid«. *Die Welt* vom 24.08.2014, eingesehen am 13.11.2014.

12 Chua, Amy. *Die Mutter des Erfolgs*. München: Nagel und Kimche, 2011, S. 11.

13 Freie Übersetzung nach dem *Drei-Zeichen-Klassiker (Sanzijing)*: Yang bu jiao, fu zhi guo, jiao bu yan, shi zhi qing (養不教, 父之過, 教不嚴, 師之惰), eigentlich: »Wenn er nur großzieht, aber nicht lehrt, dann versagt ein Vater. Wenn er nur lehrt, aber nicht streng ist, dann erweist sich der Lehrer als faul.«

14 Konfuzius. *Gespräche (lunyu)*, I, 1.

15 Hernig, Marcus. *China. Ein Länderporträt*. Berlin: Ch. Links, 3. Auflage 2014, S. 113.

LIEBE

1 Kinsella, Sharon. »Cuties in Japan«, in: *Women, Media and Consumption in Japan*, hrsg. von Brian Moeran and Lise Scov. Curzon & Hawaii University Press, S. 226.

2 Gu, Hongming. *Zhongguoren de jingshen (Der Geist des chinesischen Volkes)*, Haikou: Hainan-Verlag 1996, S. 5. Das Original hat Gu auf Englisch 1915 erstmals unter dem Titel *The Spirit oft the Chinese People* publiziert, danach folgten Übersetzungen u. a. ins Deutsche, Französische und Japanische.

3 »Warum sind Chinesen gerade so verrückt auf das iPhone 6?«, fragt unter www.zomiu.com/tech/computer/201409274986.html ein guter Beobachter des chinesischen iPhone-Hype, eingesehen am 31.10.2014.

HASS

1 http://en.people.cn/n/2014/0603/c90882-8735801.html, eingesehen am 09.12.2014.

2 Ebd.

3 Der Fall ist im chinesischen Internet äußerst gut dokumentiert. Es finden sich wörtliche Äußerungen der Täter zur Tat selbst und ihren Hintergründen. Dazu zählt auch die

Einschätzung des Sektengründers als »Betrüger«. Vergleiche: http://www.guancha.cn/FaZhi/2014_08_22_259531.shtml, eingesehen am 09.12.2014.

4 Die Kirche des Allmächtigen Gottes zahlt für neue Gläubige, die aus anderen Glaubensgemeinschaften abgeworben werden, bis zu 20 000 Yuan. Siehe: http://en.people. cn/n/2014/0603/c90882-8735801.html, eingesehen am 10.12.2014.

5 Wei, Jingsheng. *Mein Leben für die Demokratie*. Reinbek bei Hamburg: Rowohlt 1995, S. 30.

6 Ebd., S. 31.

7 Ebd.

8 Gernet, Jacques. *Die chinesische Welt*. Frankfurt a. M.: Suhrkamp, 1988, S. 460.

9 Gemeint ist die Zeit, als China von Mongolen und Turkvölkern stark bedrängt wurde, ungefähr seit dem 11. Jahrhundert n. Chr.

10 Dieser Monolog ist fiktiv, beruht aber ausschließlich auf Aussagen und Äußerungen chinesischer Internet-Nutzer auf der Plattform *Baidu Zhanba*. Das ist eine populäre Internet-Plattform der chinesischen Suchmaschine *Baidu* – eine Art Gegenstück zum amerikanischen Google –, die Nutzern die Möglichkeit eröffnet, im Rahmen bestimmter Grenzen offen Meinungen und nicht selten auch die dazugehörigen Gefühle zu äußern und mit anderen auszutauschen. Ich habe ihre Äußerungen hier zu einem konzentrierten Monolog verbunden.

11 Nach *In Touch Today (jinri huati)*, Ausgabe 2238, Serie »Diaoyu Inseln« Nr. 29. Hier durften die Leser darüber abstimmen, ob sie den Ausdruck »japanische Teufel« gegenüber heutigen Bürgern Japans für gerechtfertigt halten. 78 Prozent aller Befragten stimmten zu.

12 So in einer gemeinsamen Befragung der chinesischen Nachrichtenagentur Xinhua und der japanischen Mediengruppe Yomiuri Shimbun, zit. unter wenku.baidu.com, eingesehen am 12.12.2014.

13 Näher erläutert werden die Begrifflichkeiten *kawaii* und *ke'ai* im Kapitel »Liebe«.

GIER

1 Dies ist eines der vielen netten anekdotischen Gerüchte, die u. a. auf Baidu Zhanba zusammengepostet werden. Eingesehen am 13.12.2014.

2 Beijing Youth Daily (*Beijing Qingnian Bao*). »An einer amerikanischen Universität beginnt der Unterricht«, in: »Feinschmecker-Diplomatie« (*Cong meiguo daxue kai she »Meishi Waijiao Ke« shuo qi*) vom 10.04.2014.

3 http://xj.people.com.cn/n/2014/0201/c188539-20504218.html,' eingesehen am 19.12.2014. Der Artikel bezieht sich auf eine Schätzung der Weltgesundheitsorganisation (WHO). Diese geht davon aus, dass 50 bis 57 Prozent aller Chinesen im Jahr 2015 übergewichtig sind.

4 *Report on the Development of China's Beef Cattle Industry*, 2011.

5 *Cai* bedeutet »Reichtum«. Ergänzen sich *Fa* – also »werden« oder »fortschreiten« – und *Cai*, so wird man eben reich. Auf Chinesisch heißt das *facai*.

Chinas dicker Bauch

1 Der Sinologe Richard Wilhelm (1873–1930) verfasste 1926 ein autobiografisches Werk, das die Überschrift *Die Seele Chinas* trägt.

2 Wilhelm, Richard. *Die Seele Chinas*. Berlin: Reimar Hobbing, 1926, S. 340.

3 Ebd., S. 347.

4 Ebd.

5 Helmstetter, Rudolf. »Vom Lachen der Tiere, der Kinder, der Götter, der Menschen und der Engel«. In: *Lachen. Über westliche Zivilisation*, Sonderheft Merkur 2002, S. 765.

6 Helmstetter. (2002), S. 766.

7 Türcke, Christoph. »Götter lachen, Gott nicht«. In: *Lachen. Über westliche Zivilisation*, 2002, S. 777.

8 Wilhelm. (1926), S. 343.

Christoph Hein / Georg Blume
*Auslandskorrespondenten
der FAZ und der ZEIT*

Foto: Meeta Ahlawat

Georg Blume / Christoph Hein
Indiens verdrängte Wahrheit
Streitschrift gegen ein
unmenschliches System

200 Seiten | Gebunden mit
Schutzumschlag
Euro 17,– (D)
ISBN 978-3-89684-154-4

Mitleid hilft keinem

Indien ist die größte Demokratie und die drittgrößte Volkswirt-
schaft der Welt. Doch Vertrauen und Anerkennung sind nicht
gerechtfertigt, so die Asien-Korrespondenten Blume und Hein.
Berichte über Gewalt auf dem Subkontinent erwecken oft den
Eindruck, es handele sich um entsetzliche Ausnahmen. Das
Gegenteil ist der Fall: Misshandlungen, Vergewaltigungen und
Vernachlässigung verschulden jedes Jahr den Tod von Millionen
von Frauen und Kindern. Aufrüttelnd ehrlich klären die Autoren
über die wirtschaftlichen und politischen Hintergründe des
massenhaften Sterbens auf.

www.edition-koerber-stiftung.de

Xuewu Gu
Politologe

Foto: Marc Dirchinger

Xuewu Gu
Die Große Mauer in den Köpfen
China, der Westen und
die Suche nach Verständigung

214 Seiten | Gebunden mit
Schutzumschlag
Euro 17,– (D)
ISBN 978-3-89684-155-1

Ein neues »Reich der Mitte« finden

Chinas Aufstieg zur globalen Großmacht erstaunt und beun-
ruhigt den Westen, aber auch China selbst. Beide Systeme sind
gezwungen, sich mit grundsätzlichen Fragen auseinander-
zusetzen, um den großen Herausforderungen der Globalisierung
zu begegnen: Was verbindet das westliche und chinesische
Weltbild? Was können China und der Westen voneinander
lernen? Dazu untersucht der in Deutschland lebende chinesische
Politologe Xuewu Gu philosophische, politische und wirtschaftliche Aspekte. Gu geht es um ein Lernen, das in die Tiefen der
Wertvorstellungen reicht.

www.edition-koerber-stiftung.de